# Crack the Codeword 1:

## 48 Brain Teasing Puzzles to Improve Your Logic and Increase Your Word Power

## Catherine Eagleson

**BALBOA.**
PRESS

A DIVISION OF HAY HOUSE

*Balboa Press books may be ordered through booksellers or by contacting:*

*Balboa Press*
*A Division of Hay House*
*1663 Liberty Drive*
*Bloomington, IN 47403*
*www.balboapress.com.au*
*1-(877) 407-4847*

*ISBN: 978-1-4525-0443-8 (sc)*
*ISBN: 978-1-4525-0444-5 (e)*

*Printed in the United States of America*

*Balboa Press rev. date: 03/14/2012*

# The Benefits of Solving Codeword Puzzles

A codeword puzzle is a crossword puzzle without clues.  You are provided with a grid, and each square contains a number 1 to 26 (ie. the letters of the alphabet). Your challenge is to crack the inbuilt code and spell out the words in the crossword grid.  For example, **A** might be 12 and **Z** might be 4.  Every puzzle has a different letter/number combination.

This book contains 48 codeword puzzles.  The aim with each puzzle is to analyse the numerical patterns, and work out which letter is represented by which number in order to decode all the words in the grid.  In the first 24 puzzles, you are given **three letters** to start you off, and the remaining 24 there is an extra challenge with only **one letter** provided.

Codewords provide you with a real mental work-out.  You will feel a great sense of achievement when you realise you have 'cracked' the code and can spell out all the words in the puzzle.  Codewords are great for puzzlers of all ages, whether you are wanting to build your vocabulary, or keep your brain fit and active and ward off Alzheimers and dementia.

If solving codeword puzzles is new to you, here are some tips that may help you along the way. It does, of course, depend on the codeword setter, and the difficulty of the puzzle.

- The highest number of letters in the puzzle grid, is most likely a common vowel eg. **E** or **A**.

- There are a number of cases where two of the same letter can appear together.  Examples of these are: **EE, BB, DD, GG**, and **TT**.

- The letter **S** will often appear at the end of a word, and act as a connecting letter for words that are plural.

- The letter **Q** is often used only once, which can make it easy to spot.  If it has been used to make two words, in both cases, it can only be followed by a **U**.

Codewords are a great puzzle to take with you when you go on holiday, or commuting to work. One benefit is that you don't need to carry a heavy dictionary around with you as well.  Although there may be words that you have not heard of before; once you have cracked the code, you will be able to spell these, as well as the ones that you already know.  If you find that there are words in the puzzle with which you are unfamiliar, why not quickly circle the word in the *Vocabulary Builder List* on p. 101.  When you have access to your dictionary again, you can check the meaning, which will add another word/s to your vocabulary.

*Happy Puzzling!*

# CODEWORD PUZZLE 1

| 17 | 22 | 20 | 8 | 19 | 15 | 17 | 17 | 4 | | 22 | 11 | 22 | 8 | 26 | 22 | 19 | 2 | 15 | |
| 19 | | 11 | | 15 | | 6 | | 15 | | 19 | | 18 | | 22 | | 11 | | 22 | | 25 |
| 5 | 24 | 7 | 6 | 20 | | 11 | 5 | 16 | 16 | 15 | 17 | 15 | 6 | 26 | | 13 | 15 | 17 | 14 | 15 |
| 2 | | 8 | | 26 | | 10 | | 5 | | 3 | | 2 | | 3 | | 15 | | 14 | | 18 |
| 5 | 6 | 26 | 15 | 2 | 2 | 15 | 24 | 26 | 10 | 22 | 2 | 2 | 4 | | 19 | 17 | 15 | 15 | 12 | 15 |
| 6 | | | | 15 | | 20 | | | | 13 | | 5 | | | | 26 | | | | 2 |
| 14 | 15 | 22 | 17 | | | 26 | 22 | 21 | 5 | 5 | 6 | 14 | | 11 | 5 | 20 | 8 | 15 | 2 |
| 10 | | 20 | | 7 | | 22 | | 5 | | 6 | | 14 | | 8 | | 20 | | 15 | | 15 |
| 22 | 6 | 26 | 5 | 8 | 22 | 20 | 26 | 7 | | 14 | 22 | 20 | 8 | 20 | | 15 | 17 | 17 | 7 | 17 |
| 2 | | 17 | | 15 | | 24 | | 2 | | | 14 | | | 4 | | 1 | | 20 | | 4 |
| | 2 | 7 | 10 | 6 | 14 | 15 | | 5 | 1 | 8 | 15 | 2 | | 24 | 3 | 15 | 9 | 10 | 15 | |
| 22 | | 6 | | 3 | | 6 | | | 22 | | | 15 | | 3 | | 6 | | 22 | | 22 |
| 11 | 17 | 22 | 1 | 22 | | 11 | 10 | 24 | 26 | 20 | | 15 | 13 | 15 | 6 | 26 | 5 | 11 | 15 | 20 |
| 25 | | 10 | | 6 | | 20 | | 22 | | 10 | | 23 | | 11 | | 20 | | 15 | | 20 |
| 10 | 6 | 26 | 5 | 11 | 4 | | 14 | 2 | 10 | 24 | 7 | 20 | 15 | | | | 22 | 11 | 12 | 15 |
| 20 | | | | 15 | | | 24 | | 3 | | | | | 20 | | 22 | | | | 20 |
| 26 | 17 | 15 | 6 | 11 | 20 | | 9 | 10 | 22 | 2 | 5 | 16 | 5 | 24 | 22 | 26 | 5 | 7 | 6 | 20 |
| 5 | | 1 | | 6 | | 20 | | 2 | | 5 | | 22 | | 4 | | 17 | | 16 | | 7 |
| 6 | 7 | 19 | 2 | 15 | | 26 | 17 | 22 | 24 | 23 | 20 | 10 | 5 | 26 | | 5 | 6 | 16 | 15 | 17 |
| 14 | | 15 | | 20 | | 10 | | 26 | | 15 | | 6 | | 3 | | 10 | | 15 | | 20 |
| | 8 | 17 | 15 | 20 | 15 | 6 | 26 | 15 | 11 | | 18 | 22 | 26 | 15 | 17 | 1 | 22 | 17 | 23 | |

| 1 | 2 | 3 | 4 | 5 | 6 | 7 | 8 P | 9 | 10 | 11 | 12 | 13 |
|---|---|---|---|---|---|---|---|---|---|---|---|---|
| 14 | 15 | 16 | 17 | 18 | 19 | 20 S | 21 | 22 A | 23 | 24 | 25 | 26 |

5

# CODEWORD PUZZLE 2

| 1 | 2 | 3 | 4 | 5 | 6 | 7 | 8 | 9 | 10 | 11 | 12 | 13 S |
|---|---|---|---|---|---|---|---|---|----|----|----|------|
| 14 | 15 | 16 | 17 | 18 | 19 | 20 | 21 | 22 | 23 U | 24 | 25 | 26 M |

# CODEWORD PUZZLE 3

| | 20 | 17 | 3 | 4 | 13 | 17 | 6 | 11 | | 21 | 4 | 11 | 22 | 8 | 10 | 5 | 12 | 24 | 6 | |
| 18 | | 14 | | 23 | | 7 | | 4 | | 4 | | 24 | | 4 | | 1 | | 12 | | 13 |
| 4 | 10 | 5 | 14 | 24 | | 4 | 3 | 3 | 5 | 11 | 4 | 11 | 24 | 6 | | 1 | 13 | 4 | 16 | 4 |
| 11 | | 7 | | | 11 | | 23 | | 11 | | 7 | | | 5 | | | 22 | | 3 |
| 22 | 4 | 25 | 24 | 3 | 3 | 24 | | 24 | 13 | 24 | 14 | 4 | 11 | 17 | 5 | 3 | | 11 | 5 | 25 |
| 8 | | | 5 | | | | 3 | | | 13 | | 13 | | 24 | | | 4 |
| 21 | 5 | 2 | 3 | 11 | | 9 | 24 | 11 | 11 | 25 | | 5 | 17 | 13 | | 3 | 24 | 14 | 24 | 7 |
| 4 | | 3 | | 17 | | 5 | | | 4 | | 23 | | | 11 | | 4 | | 15 |
| 19 | 4 | 7 | 25 | 5 | 11 | 25 | 1 | 24 | | 18 | 4 | 25 | | 10 | 17 | 6 | 24 | 22 | 11 | 6 |
| 24 | | 5 | | 3 | | | 25 | | 3 | | | 2 | | | 4 | | |
| 7 | 2 | 13 | 24 | 6 | | 18 | 8 | 24 | 25 | | 5 | 18 | 24 | 6 | | 4 | 2 | 3 | 11 | 6 |
| | 13 | | | 24 | | | 4 | | 24 | | | 14 | | 22 | | 2 |
| 22 | 7 | 17 | 22 | 19 | 24 | 11 | | 18 | 17 | 11 | | 10 | 24 | 13 | 17 | 24 | 14 | 17 | 3 | 23 |
| 4 | | 3 | | 24 | | | 24 | | 5 | | | 24 | | 7 | | 24 | | 23 |
| 11 | 17 | 23 | 24 | 7 | | 9 | 2 | 6 | | 21 | 24 | 15 | 17 | 4 | | 4 | 17 | 6 | 13 | 24 |
| 4 | | | 20 | | 17 | | 11 | | | 17 | | | 23 | | | 6 |
| 13 | 5 | 23 | | 2 | 21 | 10 | 7 | 24 | 13 | 13 | 4 | 6 | | 22 | 8 | 24 | 21 | 17 | 6 | 11 |
| 25 | | 7 | | 20 | | | 7 | | 24 | | 11 | | 4 | | | 3 | | 17 |
| 6 | 22 | 4 | 7 | 20 | | 21 | 4 | 3 | 3 | 24 | 26 | 2 | 17 | 3 | | 11 | 4 | 3 | 23 | 5 |
| 11 | | 3 | | 13 | | 24 | | 24 | | 19 | | 7 | | 3 | | 17 | | 24 | | 3 |
| | 4 | 15 | 14 | 24 | 3 | 11 | 2 | 7 | 24 | 6 | | 10 | 4 | 25 | 10 | 24 | 7 | 7 | 25 | |

| 1 | 2 | 3 | 4 | 5 | 6 | 7 | 8 | 9 | 10 | 11 T | 12 | 13 |
| 14 | 15 | 16 | 17 I | 18 | 19 | 20 F | 21 | 22 | 23 | 24 | 25 | 26 |

7

# CODEWORD PUZZLE 4

| 1 | 2 | 3 | 4 | 5 | 6 | 7 | 8 | 9 | 10 | 11 | 12 U | 13 |
|---|---|---|---|---|---|---|---|---|----|----|------|----|
| 14 | 15 | 16 | 17 D | 18 | 19 | 20 | 21 | 22 | 23 | 24 | 25 B | 26 |

# CODEWORD PUZZLE 5

| | 26 | 23 | 7 | 2 | 21 | 7 | 10 | 24 | | 4 | 23 | 24 | 13 | 19 | 23 | 20 | 21 | 24 | 13 | |
|---|---|---|---|---|---|---|---|---|---|---|---|---|---|---|---|---|---|---|---|---|
| 13 | | 24 | | 25 | | 22 | | | 24 | | 17 | | | 10 | | 22 | | 25 |
| 26 | 18 | 17 | 20 | 4 | | 22 | 24 | 8 | 5 | 22 | 23 | 25 | 26 | 24 | | 13 | 25 | 20 | 17 | 13 |
| 20 | | 20 | | | 17 | | 7 | | 25 | | 21 | | 16 | | 20 | | 26 | | 13 |
| 15 | 25 | 19 | 18 | 17 | 26 | 5 | | 7 | 10 | 17 | 7 | 7 | 16 | 24 | 23 | 13 | | 13 | 8 | 24 |
| 15 | | | 20 | | | 16 | | | 23 | | | 26 | | | 13 |
| 24 | 1 | 24 | 10 | 26 | | 13 | 20 | 13 | 25 | 17 | | 25 | 23 | 26 | | 13 | 20 | 4 | 24 | 13 |
| 10 | | 6 | | 24 | | 16 | | | 7 | | 26 | | 23 | | | 24 | | 24 |
| 20 | 2 | 4 | 25 | 23 | 26 | 20 | 25 | 17 | | 7 | 3 | 24 | | 18 | 13 | 8 | 24 | 23 | 24 | 22 |
| 10 | | 17 | | 25 | | | 24 | | 16 | | | 13 | | | 4 |
| 14 | 23 | 7 | 3 | 17 | | 14 | 25 | 14 | 13 | | 12 | 24 | 13 | 26 | | 26 | 20 | 17 | 24 | 23 |
| | 22 | | | 24 | | | 19 | | 1 | | | 25 | | 24 | | 24 |
| 19 | 17 | 20 | 2 | 25 | 26 | 24 | | 4 | 25 | 23 | | 24 | 11 | 18 | 20 | 10 | 7 | 6 | 24 | 13 |
| 8 | | 10 | | | 13 | | 25 | | 25 | | | 13 | | 14 | | 24 | | 26 |
| 24 | 25 | 14 | 24 | 23 | | 24 | 14 | 14 | | 14 | 23 | 25 | 19 | 24 | | 24 | 17 | 22 | 24 | 23 |
| 2 | | | | 7 | | | 24 | | | 22 | | | 10 | | | 20 |
| 20 | 10 | 16 | | 10 | 7 | 13 | 26 | 25 | 17 | 14 | 20 | 25 | | 21 | 7 | 26 | 25 | 10 | 20 | 19 |
| 19 | | 10 | | 22 | | 24 | | 10 | | 25 | | 4 | | 25 | | | 25 | | 26 |
| 25 | 14 | 20 | 17 | 24 | | 25 | 18 | 26 | 7 | 2 | 25 | 26 | 20 | 19 | | 4 | 23 | 20 | 9 | 24 |
| 17 | | 26 | | 25 | | | 23 | | 24 | | | 7 | | 24 | | 1 | | 22 |
| | 4 | 13 | 24 | 18 | 22 | 7 | 10 | 5 | 2 | 13 | | 4 | 25 | 10 | 19 | 25 | 16 | 24 | 13 | |

| 1 | 2 | 3 | 4 | 5 | 6 | 7 | 8 | 9 | 10 | 11 | 12 | 13 |
|---|---|---|---|---|---|---|---|---|---|---|---|---|
| | | | | | | | | | | | | |

| 14 | 15 | 16 | 17 | 18 | 19 | 20 | 21 | 22 | 23 | 24 | 25 | 26 |
|---|---|---|---|---|---|---|---|---|---|---|---|---|
| **G** | | | | | | | | | | | **A** | **T** |

# CODEWORD PUZZLE 6

| 1 | 2 | 3 | 4 | 5 | 6 | 7 | 8 | 9 | 10 | 11 | 12 | 13 |
|---|---|---|---|---|---|---|---|---|----|----|----|----|
|   |   |   |   |   | D |   |   |   |    |    |    |    |

| 14 | 15 | 16 | 17 | 18 | 19 | 20 | 21 | 22 | 23 | 24 | 25 | 26 |
|----|----|----|----|----|----|----|----|----|----|----|----|----|
|    |    |    |    |    |    | W  |    | O  |    |    |    |    |

# CODEWORD PUZZLE 7

| 1 | 2 | 3 | 4 | 5 | 6 | 7 | 8 | 9 | 10 | 11 Y | 12 | 13 |
|---|---|---|---|---|---|---|---|---|----|------|----|----|
| 14 | 15 | 16 B | 17 R | 18 | 19 | 20 | 21 | 22 | 23 | 24 | 25 | 26 |

# CODEWORD PUZZLE 8

| | 13 | 23 | 12 | 9 | 18 | 5 | 15 | 17 | 9 | | 13 | 18 | 13 | 22 | 9 | 17 | 10 | 26 | 9 | |
|---|---|---|---|---|---|---|---|---|---|---|---|---|---|---|---|---|---|---|---|---|
| 17 | | 9 | | 7 | | 2 | | 11 | | 15 | | 9 | | 13 | | 13 | | 20 | | 21 |
| 3 | 14 | 7 | 4 | 13 | | 9 | 20 | 9 | 18 | 21 | 9 | 5 | 15 | 1 | | 26 | 5 | 5 | 9 | 18 |
| 9 | | 5 | | 3 | | 14 | | 9 | | 20 | | 18 | | 4 | | 20 | | 15 | | 13 |
| 1 | 7 | 13 | 26 | 17 | 5 | 18 | 14 | 3 | 2 | 14 | 22 | 15 | 13 | | 22 | 13 | 7 | 7 | 9 | 5 |
| 15 | | | | 9 | | 8 | | | 18 | | 9 | | | 15 | | 9 | | | 15 |
| 24 | 7 | 15 | 3 | | | | 22 | 15 | 12 | 13 | 7 | 12 | 9 | | 22 | 18 | 15 | 21 | 2 | 5 |
| 15 | | 20 | | 11 | | 22 | | 20 | | 20 | | 9 | | 23 | | 9 | | 13 | | 26 |
| 9 | 6 | 10 | 26 | 15 | 17 | 15 | 5 | 9 | | 1 | 13 | 17 | 5 | 9 | | 17 | 15 | 25 | 9 | 23 |
| 23 | | 26 | | 20 | | 17 | | 3 | | 9 | | | 17 | | 9 | | 9 | | 9 |
| | 12 | 15 | 20 | 23 | 15 | 1 | 13 | 5 | 9 | | 13 | 24 | 5 | 9 | 18 | 16 | 13 | 5 | 2 |
| 1 | | 18 | | 16 | | 26 | | | 1 | | 13 | | 18 | | 22 | | 5 | | 14 |
| 13 | 7 | 15 | 22 | 15 | | 15 | 20 | 1 | 26 | 18 | | 18 | 15 | 12 | 13 | 7 | 18 | 15 | 9 | 17 |
| 23 | | 20 | | 7 | | 5 | | 13 | | 13 | | 9 | | 9 | | 9 | | 20 | | 17 |
| 9 | 20 | 21 | 26 | 7 | 24 | | 13 | 3 | 5 | 20 | 9 | 17 | 17 | | | 26 | 21 | 7 | 15 |
| 5 | | | 17 | | 9 | | | 5 | | 22 | | | | 19 | | 21 | | | 24 |
| 17 | 1 | 18 | 9 | 9 | 20 | | 1 | 15 | 20 | 9 | 16 | 13 | 5 | 14 | 21 | 18 | 13 | 3 | 2 | 8 |
| 2 | | 26 | | 20 | | 1 | | 12 | | 18 | | 20 | | 4 | | 15 | | 13 | | 15 |
| 15 | 20 | 20 | 9 | 18 | | 18 | 9 | 13 | 18 | 18 | 13 | 20 | 21 | 9 | | 7 | 15 | 20 | 9 | 20 |
| 3 | | 20 | | 14 | | 13 | | 5 | | 8 | | 9 | | 18 | | 17 | | 15 | | 21 |
| | 17 | 8 | 7 | 7 | 13 | 22 | 7 | 9 | 17 | | 9 | 6 | 15 | 17 | 5 | 9 | 20 | 1 | 9 | |

| 1 | 2 | 3 | 4 | 5 | 6 | 7 | 8 | 9 | 10 | 11 | 12 | 13 |
|---|---|---|---|---|---|---|---|---|---|---|---|---|
| | | | | | | | | | | | | |

| 14 | 15 | 16 | 17 | 18 | 19 | 20 | 21 | 22 | 23 | 24 | 25 | 26 |
|---|---|---|---|---|---|---|---|---|---|---|---|---|
| | I | | | | | | G | B | | | | |

# CODEWORD PUZZLE 9

|    | 15 | 1  | 14 | 1  | 4  | 1  | 16 | 24 | 13 |    | 18 | 21 | 12 | 1  | 4  | 17 | 3  | 4  | 25 |    |
|----|----|----|----|----|----|----|----|----|----|----|----|----|----|----|----|----|----|----|----|----|
| 13 |    | 21 |    | 21 |    | 21 |    | 18 |    | 2  |    | 1  |    | 6  |    | 21 |    | 5  |    | 13 |
| 21 | 25 | 21 | 4  | 13 |    | 12 | 13 | 17 | 2  | 5  | 14 | 16 |    | 13 | 19 | 21 | 5  | 11 | 13 | 2  |
| 1  |    | 24 |    | 17 | 5  | 3  |    | 16 |    | 18 |    | 14 |    | 25 |    | 1  |    | 3  |    | 5  |
| 18 | 5  | 3  | 13 | 14 |    | 13 | 4  | 13 | 21 | 11 | 3  | 5  | 21 |    | 21 | 24 | 11 | 13 | 18 | 11 |
| 25 |    |    |    | 18 |    |    | 5  |    |    | 3  |    | 11 |    |    |    | 14 |    |    |    | 1  |
| 18 | 17 | 14 | 2  |    |    | 2  | 13 | 8  | 5  | 21 | 5  | 11 |    | 13 | 11 | 21 | 12 | 13 | 3  |    |
| 11 |    | 17 |    | 13 |    | 3  |    | 17 |    | 21 |    | 1  |    | 21 |    | 17 |    | 17 |    | 5  |
| 13 | 14 | 3  | 5  | 21 | 12 | 5  | 14 | 16 |    | 11 | 17 | 14 | 16 | 1  |    | 6  | 17 | 4  | 18 | 17 |
| 15 |    | 3  |    | 21 |    | 20 |    | 4  |    | 18 |    |    |    | 11 | 24 | 5  |    | 4  |    | 4  |
|    | 21 | 17 | 3  | 13 |    | 17 | 14 | 13 | 22 |    | 10 | 24 | 5  | 11 |    | 4  | 17 | 15 | 26 |    |
| 13 |    | 11 |    | 14 | 5  | 4  |    |    | 13 |    | 18 |    | 1  |    | 5  |    | 17 |    | 21 |    |
| 2  | 3  | 5  | 8  | 11 |    | 3  | 13 | 17 | 2  | 18 |    | 24 | 14 | 14 | 17 | 11 | 24 | 3  | 17 | 4  |
| 24 |    | 20 |    | 3  |    | 25 |    | 20 |    | 21 |    | 17 |    | 18 |    | 25 |    | 9  |    | 17 |
| 21 | 3  | 13 | 2  | 5  | 11 |    | 21 | 17 | 26 | 17 | 6  | 4  | 13 |    |    |    | 17 | 18 | 9  | 18 |
| 17 |    |    |    | 21 |    |    | 4  |    | 4  |    |    | 20 |    |    | 21 |    |    |    | 18 |    |
| 11 | 3  | 17 | 16 | 5  | 21 |    | 6  | 17 | 4  | 17 | 14 | 21 | 13 | 2  |    | 3  | 13 | 8  | 13 | 3  |
| 5  |    | 14 |    | 11 |    | 7  |    | 14 |    | 11 |    | 24 |    | 17 | 21 | 13 |    | 13 |    | 1  |
| 1  | 24 | 11 | 18 | 5  | 23 | 13 |    | 21 | 12 | 13 | 20 | 3  | 1  | 14 |    | 17 | 15 | 5  | 14 | 1  |
| 14 |    | 3  |    | 13 |    | 4  |    | 12 |    | 18 |    | 4  |    | 21 |    | 9  |    | 16 |    | 15 |
|    | 11 | 17 | 18 | 18 | 13 | 4  | 4  | 13 | 2  |    | 17 | 18 | 18 | 13 | 18 | 18 | 5  | 14 | 16 |    |

| 1  | 2  | 3  | 4  | 5<br>I | 6  | 7  | 8  | 9  | 10 | 11 | 12 | 13 |
|----|----|----|----|----|----|----|----|----|----|----|----|----|
| 14<br>N | 15<br>M | 16 | 17 | 18 | 19 | 20 | 21 | 22 | 23 | 24 | 25 | 26 |

# CODEWORD PUZZLE 10

| 1 | 2 | 3 | 4 | 5 | 6 | 7 | 8 | 9 | 10 | 11 | 12 | 13 |
|---|---|---|---|---|---|---|---|---|----|----|----|----|
|   |   |   |   |   |   |   |   |   |    |    |    |    |

| 14 | 15 | 16 | 17 | 18 | 19 | 20 | 21 | 22 | 23 | 24 | 25 | 26 |
|----|----|----|----|----|----|----|----|----|----|----|----|----|
| O  |    |    | C  |    |    |    |    |    |    |    | G  |    |

# CODEWORD PUZZLE 11

| | 8 | 11 | 4 | 19 | 6 | 25 | 15 | 26 | 7 | | 19 | 14 | 9 | 2 | 9 | 16 | 9 | 24 | 5 | |
|---|---|---|---|---|---|---|---|---|---|---|---|---|---|---|---|---|---|---|---|---|
| 9 | | 10 | | 11 | | 7 | | 23 | | 26 | | 26 | | 26 | | 26 | | 5 | | 11 |
| 10 | 9 | 11 | 15 | 21 | | 7 | 14 | 25 | 19 | 7 | 14 | 11 | 19 | 26 | | 26 | 16 | 10 | 9 | 13 |
| 16 | | 6 | | 21 | | 12 | | 7 | | 8 | | 21 | | 21 | | 13 | | 26 | | 26 |
| 25 | 2 | 17 | 26 | 16 | 16 | 26 | 8 | 17 | 12 | 11 | 16 | 16 | 5 | | 19 | 11 | 7 | 7 | 26 | 7 |
| 24 | | | 26 | | 7 | | | 19 | | 11 | | | | 15 | | | | 17 |
| 11 | 15 | 4 | 5 | | | 21 | 26 | 7 | 25 | 24 | 2 | 7 | | 26 | 21 | 25 | 17 | 9 | 15 |
| 17 | | 26 | | 22 | | 25 | | 2 | | 2 | | 21 | | 11 | | | 11 | | 12 |
| 26 | 2 | 17 | 15 | 26 | 26 | 7 | | 21 | 25 | 24 | 26 | 7 | 17 | 7 | | 17 | 9 | 19 | 25 | 8 |
| 21 | | 15 | | 10 | | 9 | | 12 | | | 2 | | | 8 | 12 | 26 | | | 3 |
| | 20 | 26 | 26 | 15 | | 17 | 15 | 26 | 26 | | 21 | 11 | 22 | 26 | | 2 | 26 | 11 | 17 | |
| 7 | | | | 11 | 24 | 9 | | | 26 | | | 7 | | 2 | | 9 | | 15 | | 12 |
| 19 | 9 | 3 | 26 | 7 | | 19 | 11 | 21 | 16 | 9 | 8 | 3 | | 21 | 11 | 15 | 3 | 26 | 2 | 7 |
| 11 | | 25 | | | 26 | | 26 | | 20 | | 26 | | 7 | | 7 | | 2 | | 11 |
| 24 | 11 | 2 | 2 | 26 | 17 | | 7 | 19 | 15 | 26 | 11 | 21 | 7 | | | 1 | 11 | 4 | 10 |
| 14 | | | 1 | | | 11 | | 15 | | | | 6 | | 11 | | | | 25 |
| 26 | 23 | 8 | 26 | 26 | 21 | | 11 | 15 | 8 | 14 | 11 | 26 | 9 | 16 | 9 | 24 | 25 | 8 | 11 | 16 |
| 17 | | 11 | | 8 | | 25 | | 17 | | 26 | | 21 | | 25 | | 11 | | 11 | | 25 |
| 17 | 26 | 4 | 19 | 17 | | 7 | 18 | 12 | 26 | 11 | 3 | 25 | 2 | 24 | | 17 | 11 | 8 | 25 | 17 |
| 25 | | 26 | | 9 | | 16 | | 15 | | 21 | | 8 | | 14 | | 26 | | 17 | | 5 |
| | 1 | 9 | 12 | 15 | 2 | 26 | 5 | 26 | 21 | | 7 | 17 | 11 | 17 | 25 | 7 | 17 | 25 | 8 | |

| 1 | 2 | 3 | 4 | 5 | 6 | 7 | 8 | 9 | 10 | 11 | 12 U | 13 |
|---|---|---|---|---|---|---|---|---|---|---|---|---|
| 14 | 15 R | 16 | 17 T | 18 | 19 | 20 | 21 | 22 | 23 | 24 | 25 | 26 |

15

# CODEWORD PUZZLE 12

| | 23 | 16 | 19 | 7 | 15 | 4 | 13 | 12 | | 8 | 12 | 25 | 7 | 23 | 8 | 26 | 8 | 12 | 6 | |
| 25 | | 19 | | 4 | | 13 | | 7 | | 4 | | 13 | | 3 | | 8 | | 22 | | 5 |
| 7 | 5 | 8 | 4 | 6 | | 13 | 2 | 2 | 13 | 4 | 6 | 19 | 12 | 8 | | 26 | 13 | 25 | 10 | 7 |
| 4 | | 19 | | | | 23 | | 21 | | 13 | | 4 | | 5 | | 13 | | 10 | | 4 |
| 8 | 5 | 8 | 26 | 8 | 12 | 6 | | 22 | 4 | 4 | 8 | 20 | 19 | 5 | 7 | 4 | | 8 | 5 | 21 |
| 5 | | | | 7 | | | | 12 | | | | 8 | | | | 7 | | | | 23 |
| 8 | 7 | 20 | 8 | 4 | | 5 | 22 | 23 | 6 | 23 | | 6 | 8 | 7 | | 1 | 5 | 22 | 26 | 2 |
| 23 | | 4 | | 12 | | 8 | | | | 8 | | 6 | | 22 | | 5 | | 26 | | 19 |
| 23 | 6 | 7 | 6 | 22 | 23 | 6 | 22 | 25 | | 8 | 9 | 8 | | 23 | 5 | 8 | 8 | 2 | 8 | 4 |
| 5 | | 15 | | 12 | | | | 7 | | 15 | | | | 5 | | | | 4 | | |
| 24 | 13 | 19 | 12 | 20 | | 11 | 7 | 12 | 24 | | 17 | 7 | 15 | 8 | | 23 | 19 | 8 | 15 | 8 |
| | | 7 | | | | 13 | | | | 10 | | 22 | | | | 6 | | 23 | | 12 |
| 26 | 8 | 5 | 7 | 12 | 22 | 12 | | 18 | 8 | 8 | | 4 | 8 | 10 | 8 | 7 | 4 | 23 | 7 | 5 |
| 8 | | 5 | | 13 | | 8 | | 4 | | 7 | | | | 7 | | 2 | | 8 | | 22 |
| 7 | 1 | 24 | 23 | 23 | | 23 | 21 | 22 | | 4 | 8 | 23 | 8 | 6 | | 5 | 13 | 15 | 8 | 23 |
| 6 | | | | 6 | | | | 25 | | | | 22 | | | | 8 | | | | 6 |
| 1 | 7 | 4 | | 7 | 2 | 2 | 8 | 7 | 5 | 22 | 12 | 20 | | 8 | 4 | 4 | 7 | 6 | 19 | 26 |
| 7 | | 7 | | 5 | | 8 | | 23 | | 12 | | 12 | | 14 | | | | 10 | | 8 |
| 5 | 24 | 22 | 12 | 20 | | 7 | 23 | 23 | 22 | 23 | 6 | 7 | 12 | 6 | | 20 | 4 | 13 | 3 | 12 |
| 5 | | 6 | | 22 | | 21 | | 8 | | 8 | | 20 | | 4 | | 7 | | 4 | | 6 |
| | 10 | 7 | 4 | 7 | 23 | 23 | 26 | 8 | 12 | 6 | | 8 | 5 | 7 | 2 | 23 | 22 | 12 | 20 | |

| 1 | 2 | 3 | 4 | 5 | 6 | 7 | 8 | 9 | 10 | 11 | 12 | 13 |
|---|---|---|---|---|---|---|---|---|---|---|---|---|
| B | | | | | | A | | | | | | |

| 14 | 15 | 16 | 17 | 18 | 19 | 20 | 21 | 22 | 23 | 24 | 25 | 26 |
|----|----|----|----|----|----|----|----|----|----|----|----|----|
| | | | | | | | | | | Y | | |

16

# CODEWORD PUZZLE 13

| 1 | 2 | 3 | 4 | 5 | 6 | 7 | 8 | 9 S | 10 | 11 | 12 | 13 O |
|---|---|---|---|---|---|---|---|---|---|---|---|---|
| 14 | 15 | 16 | 17 | 18 R | 19 | 20 | 21 | 22 | 23 | 24 | 25 | 26 |

# CODEWORD PUZZLE 14

| 1 | 2 | 3 | 4 | 5 | 6 | 7 | 8 | 9 | 10 | 11 | 12 | 13 |
|---|---|---|---|---|---|---|---|---|----|----|----|----|
|   | T |   | O |   |   | J |   |   |    |    |    |    |
| 14 | 15 | 16 | 17 | 18 | 19 | 20 | 21 | 22 | 23 | 24 | 25 | 26 |
|    |    |    |    |    |    |    |    |    |    |    |    |    |

# CODEWORD PUZZLE 15

| 1 | 2 | 3 | 4 | 5 H | 6 | 7 | 8 | 9 | 10 | 11 | 12 | 13 |
|---|---|---|---|-----|---|---|---|---|----|----|----|----|
| 14 A | 15 | 16 | 17 | 18 | 19 | 20 | 21 M | 22 | 23 | 24 | 25 | 26 |

# CODEWORD PUZZLE 16

| | 19 | 9 | 22 | 8 | 7 | 25 | 5 | 22 | | 8 | 6 | 1 | 5 | 9 | 15 | 3 | 6 | 18 | 16 | |
| 24 | | 24 | | 5 | | 11 | | 16 | | 5 | | 6 | | 22 | | 6 | | 5 | | 23 |
| 7 | 11 | 9 | 24 | 7 | | 6 | 1 | 26 | 3 | 25 | 15 | 25 | 16 | 23 | | 22 | 16 | 11 | 17 | 16 |
| 6 | | 6 | | | 7 | | 4 | | 22 | | 22 | | 16 | | 23 | | 18 | | 17 |
| 13 | 5 | 3 | 5 | 18 | 22 | 16 | 24 | 16 | | 24 | 6 | 7 | 25 | 11 | 16 | 24 | | 16 | 18 | 5 |
| 25 | | | | 6 | | | | 14 | | | 6 | | | | 3 | | | | 7 |
| 3 | 6 | 1 | 26 | 24 | | 24 | 9 | 24 | 4 | 25 | | 25 | 1 | 26 | | 25 | 1 | 6 | 18 | 16 |
| 25 | | 16 | | 16 | | 21 | | | 22 | | 22 | | 6 | | 23 | | 13 | | 16 |
| 24 | 16 | 6 | 24 | 5 | 22 | 25 | 22 | 18 | | 8 | 5 | 24 | | 8 | 11 | 16 | 23 | 25 | 7 | 24 |
| 16 | | 24 | | 9 | | | | 16 | | 4 | | | | 21 | | | 3 | |
| 23 | 11 | 9 | 1 | 24 | | 6 | 11 | 1 | 12 | | 6 | 26 | 16 | 24 | | 2 | 9 | 25 | 3 | 3 |
| | | 11 | | | 11 | | | | 7 | | 16 | | | | 9 | | 7 | | 16 |
| 23 | 11 | 25 | 20 | 20 | 3 | 16 | | 13 | 12 | 16 | | 6 | 16 | 11 | 25 | 6 | 3 | 25 | 24 | 7 |
| 16 | | 22 | | 25 | | 6 | | 6 | | 10 | | | | 5 | | 3 | | 16 | | 7 |
| 24 | 9 | 18 | 6 | 11 | | 24 | 5 | 3 | | 7 | 4 | 11 | 5 | 14 | | 25 | 24 | 24 | 9 | 16 |
| 8 | | | | 8 | | | 6 | | | | 16 | | | | 15 | | | | 11 |
| 11 | 6 | 18 | | 5 | 15 | 15 | 25 | 8 | 16 | 11 | | 19 | 16 | 3 | 3 | 12 | 15 | 25 | 24 | 4 |
| 25 | | 11 | | 22 | | 11 | | 3 | | 5 | | 5 | | 6 | | | 11 | | 16 |
| 13 | 3 | 25 | 22 | 25 | | 5 | 11 | 6 | 7 | 5 | 11 | 25 | 5 | 24 | | 6 | 11 | 5 | 1 | 6 |
| 16 | | 3 | | 9 | | 14 | | 17 | | 1 | | 8 | | 16 | | 14 | | 22 | | 23 |
| | 16 | 3 | 16 | 1 | 16 | 22 | 7 | 6 | 11 | 12 | | 16 | 16 | 11 | 25 | 22 | 16 | 24 | 24 | |

| 1 | 2 | 3 | 4 | 5 | 6 | 7 | 8 | 9 | 10 | 11 | 12 | 13 |
|---|---|---|---|---|---|---|---|---|---|---|---|---|
| | | | | | | | | | | | | |

| 14 | 15 | 16 | 17 | 18 | 19 | 20 | 21 | 22 | 23 | 24 | 25 | 26 |
|---|---|---|---|---|---|---|---|---|---|---|---|---|
| | F | | | G | | | | | | | I | |

20

# CODEWORD PUZZLE 17

| 12 | 15 | 25 | 19 | 18 | 22 | 8 | 25 | 5 | 18 | 21 | 23 | 23 | 16 | ■ | 13 | 5 | 21 | 5 | 18 | 12 |
|----|----|----|----|----|----|----|----|----|----|----|----|----|----|----|----|----|----|----|----|----|
| 17 | ■ | 15 | ■ | 22 | ■ | 26 | ■ | 15 | ■ | 18 | ■ | 18 | ■ | ■ | ■ | 24 | ■ | 8 | ■ | 17 |
| 21 | 18 | 15 | 23 | 18 | ■ | 5 | 17 | 9 | 21 | 24 | 5 | 8 | 22 | ■ | 22 | 18 | 25 | 25 | 8 | 24 |
| 25 | ■ | 22 | ■ | 15 | ■ | 24 | ■ | 25 | ■ | ■ | ■ | 11 | ■ | 21 | ■ | 19 | ■ | 13 | ■ | 16 |
| 12 | 15 | 23 | 8 | 13 | 23 | 21 | 9 | ■ | 11 | 24 | 8 | 8 | 25 | 11 | 24 | 15 | 12 | 8 | 24 | 13 |
| 8 | ■ | 8 | ■ | 16 | ■ | 14 | ■ | ■ | 3 | ■ | ■ | ■ | ■ | 21 | ■ | 12 | ■ | ■ | ■ | 21 |
| ■ | ■ | 6 | 25 | 8 | 21 | 22 | ■ | 21 | 13 | 13 | 18 | 20 | 18 | 23 | 21 | 5 | 18 | 15 | 25 |
| 12 | ■ | 13 | ■ | 12 | ■ | 11 | ■ | 12 | ■ | 17 | ■ | 20 | ■ | 25 | ■ | 23 | ■ | 20 | ■ | 5 |
| 21 | 9 | 25 | ■ | 24 | 8 | 21 | 12 | 17 | ■ | 8 | 22 | 18 | 5 | ■ | ■ | 1 | 21 | 5 | 17 |
| 24 | ■ | 15 | ■ | 21 | ■ | 25 | ■ | 8 | ■ | 22 | ■ | 5 | ■ | 22 | ■ | 20 | ■ | 11 | ■ | 8 |
| 22 | 15 | 9 | 25 | 13 | 18 | 7 | 18 | 25 | 11 | ■ | 12 | 21 | 1 | 18 | 5 | 21 | 23 | 18 | 13 | 20 |
| 18 | ■ | 22 | ■ | 16 | ■ | 21 | ■ | 18 | ■ | 21 | ■ | 5 | ■ | 13 | ■ | 24 | ■ | 25 | ■ | 3 |
| 15 | 6 | 24 | 21 | ■ | ■ | 4 | 23 | 3 | 24 | ■ | 8 | 21 | 13 | 8 | 13 | ■ | 8 | 23 | 20 |
| 14 | ■ | 15 | ■ | 12 | ■ | 24 | ■ | 23 | ■ | 24 | ■ | 22 | ■ | 8 | ■ | 17 | ■ | 13 | ■ | 13 |
| 21 | 23 | 1 | 17 | 21 | 25 | 3 | 20 | 8 | 24 | 18 | 12 | ■ | 21 | 24 | 15 | 20 | 21 | ■ | ■ |
| 13 | ■ | ■ | ■ | 1 | ■ | 20 | ■ | ■ | 14 | ■ | ■ | ■ | 5 | ■ | 21 | ■ | 21 | ■ | 22 |
| 12 | 17 | 8 | 8 | 13 | 8 | 4 | 3 | 24 | 11 | 8 | 24 | ■ | 19 | 21 | 23 | 23 | 18 | 4 | 23 | 8 |
| 3 | ■ | 10 | ■ | 3 | ■ | 21 | ■ | 8 | ■ | ■ | 22 | ■ | 5 | ■ | 23 | ■ | 13 | ■ | 23 |
| 23 | 15 | 3 | 22 | 23 | 16 | ■ | 14 | 18 | 24 | 5 | 3 | 15 | 13 | 18 | ■ | 15 | 7 | 15 | 25 | 8 |
| 21 | ■ | 21 | ■ | 8 | ■ | ■ | 11 | ■ | 8 | ■ | 2 | ■ | 15 | ■ | 9 | ■ | 24 | ■ | 5 |
| 24 | 8 | 23 | 18 | 13 | 17 | ■ | 3 | 25 | 24 | 8 | 12 | 15 | 11 | 25 | 18 | 13 | 21 | 4 | 23 | 8 |

| 1 | 2 | 3 U | 4 | 5 | 6 | 7 | 8 | 9 | 10 | 11 | 12 | 13 |
|---|---|---|---|---|---|---|---|---|---|---|---|---|
| **14** | **15** | **16** | **17** | **18** | **19 F** | **20** | **21** | **22** | **23** | **24** | **25 N** | **26** |

# CODEWORD PUZZLE 18

| 1 | 2 | 3 | 4 | 5 | 6 | 7 | 8 | 9 | 10 | 11 | 12 | 13 R |
|---|---|---|---|---|---|---|---|---|----|----|----|----|
| 14 | 15 | 16 | 17 | 18 S | 19 I | 20 | 21 | 22 | 23 | 24 | 25 | 26 |

# CODEWORD PUZZLE 19

| | 23 | 6 | 19 | 24 | 19 | 16 | 2 | 17 | | 5 | 23 | 7 | 7 | 1 | 25 | 25 | 12 | 7 | 6 | |
| 2 | | 19 | | 19 | | 7 | | 1 | | 23 | | 1 | | 23 | | 23 | | 6 | | 3 |
| 14 | 19 | 12 | 24 | 1 | | 6 | 25 | 25 | 16 | 2 | 6 | 12 | 7 | 2 | | 16 | 7 | 5 | 25 | 1 |
| 16 | | 7 | | 1 | | 12 | | 14 | | 8 | | 25 | | 1 | | 7 | | 17 | | 8 |
| 19 | 1 | 2 | 6 | 22 | 1 | 7 | 5 | 1 | | 2 | 9 | 6 | 25 | 25 | 1 | 22 | | 1 | 1 | 25 |
| | 8 | | 5 | | | | | 19 | | | | 8 | | | | 19 | | | | 23 |
| 26 | 23 | 2 | 1 | 2 | | 8 | 23 | 2 | 8 | 11 | | 17 | 23 | 11 | | 11 | 1 | 23 | 19 | 7 |
| 23 | | 11 | | 6 | | 6 | | | | 1 | | 6 | | 1 | | | | 23 | | 22 |
| 8 | 1 | 5 | 17 | 7 | 6 | 5 | 23 | 25 | | 23 | 19 | 5 | | 23 | 24 | 2 | 12 | 19 | 24 | 2 |
| 6 | | 23 | | 15 | | | | 1 | | 19 | | | | 2 | | 16 | | 22 | | |
| 5 | 12 | 18 | 24 | 1 | | 1 | 13 | 6 | 8 | | 20 | 12 | 12 | 8 | | 24 | 1 | 26 | 1 | 25 |
| | | 12 | | 19 | | 25 | | | 21 | | 3 | | | | 22 | | 23 | | 12 |
| 20 | 12 | 19 | 1 | 2 | 1 | 1 | | 22 | 16 | 12 | | 25 | 23 | 5 | 4 | 16 | 1 | 19 | 1 | 22 |
| 6 | | 1 | | | 5 | | 23 | | 11 | | | | 23 | | 1 | | 9 | | 1 |
| 24 | 23 | 2 | 6 | 5 | | 8 | 12 | 11 | | 2 | 16 | 14 | 1 | 19 | | 19 | 23 | 2 | 14 | 2 |
| 19 | | | | 23 | | | 22 | | | 25 | | | | | 25 | | 1 | | |
| 12 | 16 | 19 | | 25 | 23 | 8 | 1 | 19 | 23 | 25 | | 16 | 7 | 22 | 1 | 19 | 25 | 6 | 7 | 1 |
| 2 | | 16 | | 10 | | 12 | | 1 | | 23 | | 18 | | 1 | | 1 | | 22 | | 23 |
| 6 | 15 | 25 | 12 | 12 | | 14 | 25 | 23 | 16 | 2 | 6 | 24 | 25 | 1 | | 23 | 22 | 1 | 14 | 8 |
| 2 | | 1 | | 7 | | 6 | | 18 | | 8 | | 1 | | 22 | | 25 | | 23 | | 2 |
| | 24 | 19 | 6 | 1 | 20 | 5 | 23 | 2 | 1 | 2 | | 19 | 1 | 2 | 1 | 18 | 24 | 25 | 1 | |

| 1 | 2 | 3 W | 4 | 5 | 6 | 7 | 8 | 9 | 10 | 11 | 12 | 13 |
|---|---|---|---|---|---|---|---|---|---|---|---|---|
| 14 | 15 | 16 U | 17 | 18 | 19 R | 20 | 21 | 22 | 23 | 24 | 25 | 26 |

# CODEWORD PUZZLE 20

| | 25 | 15 | 20 | 25 | 23 | 25 | 24 | 20 | | 10 | 7 | 12 | | 4 | 23 | 5 | 24 | 11 | 7 | |
|---|---|---|---|---|---|---|---|---|---|---|---|---|---|---|---|---|---|---|---|---|
| 25 | | 24 | | 20 | | 4 | | 22 | | 21 | | 25 | | 22 | | 7 | | 20 | | 26 |
| 23 | 21 | 25 | 20 | 11 | | 4 | 22 | 14 | 14 | 7 | 4 | 4 | 7 | 4 | | 6 | 25 | 24 | 17 | 8 |
| 8 | | 20 | | | 22 | | 17 | | 5 | | 15 | | 21 | | 25 | | 23 | | 17 |
| 17 | 22 | 15 | 15 | 8 | 15 | 7 | | 7 | 18 | 7 | 14 | 22 | 23 | 25 | 6 | 7 | | 4 | 22 | 3 |
| 25 | | | | 20 | | | | 22 | | | | 25 | | | 10 | | | | 25 |
| 14 | 24 | 3 | 7 | 23 | | 17 | 8 | 4 | 7 | 5 | | 4 | 7 | 8 | | 7 | 6 | 8 | 12 | 7 |
| 25 | | 24 | | 17 | | 7 | | | 8 | | 7 | | 3 | | 5 | | 17 | | 4 |
| 4 | 13 | 22 | 7 | 7 | 9 | 25 | 20 | 15 | | 5 | 24 | 12 | | 26 | 8 | 4 | 4 | 25 | 4 | 23 |
| 7 | | 20 | | 5 | | | | 7 | | 7 | | | 17 | | | | 15 | | |
| 12 | 8 | 23 | 7 | 4 | | 14 | 25 | 23 | 2 | | 16 | 8 | 12 | 7 | | 26 | 7 | 20 | 14 | 21 |
| | | 8 | | | 8 | | | 26 | | 4 | | | | 8 | | 3 | | 8 |
| 13 | 22 | 25 | 6 | 7 | 5 | 4 | | 19 | 25 | 7 | | 4 | 22 | 20 | 4 | 14 | 5 | 7 | 7 | 20 |
| 22 | | 20 | | 18 | | 23 | | 24 | | 7 | | | 24 | | 11 | | 20 | | 12 |
| 25 | 20 | 4 | 7 | 23 | | 7 | 8 | 23 | | 1 | 8 | 12 | 7 | 12 | | 17 | 24 | 23 | 22 | 4 |
| 20 | | | | 5 | | | 19 | | | | 25 | | | 24 | | | | 21 |
| 14 | 22 | 7 | | 24 | 5 | 8 | 23 | 24 | 5 | 25 | 24 | 4 | | 5 | 7 | 15 | 8 | 23 | 23 | 8 |
| 22 | | 5 | | 6 | | 19 | | 22 | | 12 | | 8 | | 25 | | | 10 | | 11 |
| 20 | 22 | 5 | 4 | 7 | | 19 | 7 | 5 | 14 | 7 | 25 | 6 | 7 | 12 | | 4 | 25 | 7 | 6 | 7 |
| 18 | | 24 | | 5 | | 17 | | 5 | | 8 | | 24 | | 15 | | 21 | | 7 | | 4 |
| | 10 | 5 | 25 | 23 | 21 | 7 | | 25 | 17 | 17 | | 10 | 7 | 7 | 11 | 7 | 20 | 12 | 4 | |

| 1 | 2 | 3 | 4 | 5 | 6 V | 7 | 8 A | 9 | 10 | 11 | 12 | 13 |
|---|---|---|---|---|---|---|---|---|---|---|---|---|
| 14 | 15 | 16 | 17 | 18 | 19 | 20 N | 21 | 22 | 23 | 24 | 25 | 26 |

24

# CODEWORD PUZZLE 21

| | 3 | | 13 | | 5 | | 10 | | 5 | | 15 | 3 | 9 | | 20 | | 3 | | 1 | |
|---|---|---|---|---|---|---|---|---|---|---|---|---|---|---|---|---|---|---|---|---|
| 3 | 12 | 13 | 15 | 11 | 22 | 10 | 13 | 22 | 4 | 12 | 10 | | 11 | 9 | 24 | 10 | 16 | 16 | 10 | 16 |
| | 22 | | 10 | | 3 | | 15 | | 24 | | 12 | | 5 | | 11 | | 9 | | 7 | |
| 16 | 11 | 19 | 19 | 4 | 5 | 11 | 20 | 8 | 5 | | 24 | 10 | 5 | 10 | 22 | | 11 | 20 | 22 | 3 |
| | 5 | | | | 11 | | | 22 | | | | 11 | | 10 | | 12 | | | 8 | |
| 5 | 22 | 3 | 22 | 11 | 5 | 22 | 11 | 13 | 3 | 2 | | 20 | 21 | 10 | 12 | 12 | 3 | 22 | 10 | 16 |
| | 12 | | 11 | | | 8 | | 8 | | 13 | | 10 | | | 22 | | 6 | | | |
| 5 | 17 | 9 | 24 | 20 | 2 | 11 | 5 | 3 | 22 | 11 | 20 | 8 | 5 | | 20 | 2 | 11 | 21 | 10 | 5 |
| 4 | | | 11 | | | 11 | | 11 | | 8 | | | 8 | | 20 | | 12 | | | |
| 9 | 3 | 2 | 3 | 7 | 12 | 20 | 7 | | 3 | 19 | 19 | 10 | 13 | 22 | 5 | | 8 | 20 | 22 | 10 |
| | 18 | | | 10 | | 11 | | 22 | | 11 | | 15 | | 10 | | | 10 | | | |
| 23 | 4 | 11 | 7 | | 26 | 4 | 16 | 14 | 11 | 8 | 14 | | 3 | 22 | 22 | 11 | 22 | 4 | 16 | 10 |
| | 12 | | 15 | | 11 | | | 20 | | 4 | | 12 | | | 12 | | | 10 | | |
| 22 | 11 | 9 | 11 | 8 | 14 | | 13 | 20 | 8 | 14 | 12 | 10 | 14 | 3 | 22 | 11 | 20 | 8 | 3 | 2 |
| | 22 | | 2 | | | 17 | | 5 | | 3 | | 10 | | | 4 | | 8 | | | |
| 3 | 10 | 12 | 20 | 5 | 7 | 3 | 13 | 10 | | 3 | 22 | 22 | 12 | 11 | 24 | 4 | 22 | 11 | 8 | 14 |
| 14 | | | 5 | | 3 | | 2 | | | 11 | | | 2 | | | | 20 | | | |
| 10 | 4 | 12 | 20 | | 5 | 25 | 3 | 17 | 5 | | 20 | 4 | 22 | 12 | 3 | 14 | 10 | 20 | 4 | 5 |
| | 5 | | 7 | | 22 | | 9 | | 11 | | 8 | | 10 | | 18 | | 21 | | 8 | |
| 12 | 10 | 13 | 15 | 3 | 12 | 14 | 10 | | 22 | 12 | 3 | 8 | 5 | 19 | 10 | 12 | 10 | 8 | 13 | 10 |
| | 5 | | 17 | | 17 | | 8 | 10 | 10 | | 2 | | 22 | | 12 | | 8 | | 10 | |

| 1 | 2 | 3 | 4 | 5 | 6 | 7 | 8 | 9 | 10 | 11 | 12 | 13 |
|---|---|---|---|---|---|---|---|---|---|---|---|---|
| | | | | | | | | | | | | |
| 14 | 15 | 16 | 17 | 18 | 19 | 20 | 21 | 22 | 23 | 24 | 25 | 26 |
| G | | | | | F | O | | | | | | |

# CODEWORD PUZZLE 22

| | 20 | 11 | 1 | 18 | 25 | 4 | 11 | 23 | | 5 | 4 | 21 | 8 | 6 | 1 | 4 | 18 | 25 | 11 | |
| 20 | | 20 | | 21 | | 5 | | 20 | | 18 | | 8 | | 20 | | 25 | | 18 | | 23 |
| 26 | 24 | 16 | 11 | 8 | | 8 | 19 | 13 | 8 | 14 | 14 | 16 | 8 | 21 | | 22 | 8 | 1 | 1 | 7 |
| 18 | | 11 | | | 25 | | 4 | | 8 | | 4 | | 3 | | 24 | | 6 | | | 11 |
| 11 | 26 | 20 | 21 | 8 | | 1 | | 1 | 8 | 25 | 20 | 6 | 4 | 18 | 24 | 11 | | 23 | 20 | 1 |
| 1 | | | | 16 | 8 | 4 | | 20 | | | | 6 | | | 1 | | | | 8 |
| 21 | 4 | 26 | | 19 | | 15 | 8 | 1 | 8 | 11 | | 20 | 7 | 8 | | 4 | 25 | 6 | 24 | 21 |
| 18 | | 18 | | 9 | | 7 | | | 20 | | 19 | | 19 | | 6 | | 18 | | 4 |
| 26 | 4 | 11 | 1 | 18 | 25 | | 19 | 24 | 8 | 11 | 16 | 4 | | 13 | 4 | 8 | 25 | 25 | 4 | 20 |
| 23 | | 1 | | 18 | | | 1 | | 23 | | 20 | | 8 | | | 1 | | |
| 8 | 10 | 26 | 8 | 5 | 4 | 1 | 4 | 18 | 25 | | 20 | 13 | 13 | 21 | 8 | 17 | 4 | 20 | 1 | 8 |
| | 18 | | | 20 | | 26 | | 4 | | 16 | | | | 18 | | 6 | | 25 |
| 6 | 18 | 25 | 6 | 8 | 21 | 25 | | 4 | 11 | 11 | 24 | 8 | 11 | | 12 | 24 | 18 | 1 | 8 | 5 |
| 20 | | 8 | | 10 | | 3 | | 20 | | 16 | | | 11 | | 6 | | 8 | | 20 |
| 13 | 20 | 5 | 3 | 8 | | 18 | 9 | 25 | | 8 | 22 | 8 | 6 | 1 | | 23 | | 5 | 8 | 25 |
| 4 | | | | 21 | | | 8 | | | | 25 | | 20 | 3 | 8 | | | | 3 |
| 25 | 8 | 1 | | 6 | 20 | 21 | 5 | 13 | 18 | 20 | 21 | 5 | | 4 | | 21 | 18 | 3 | 24 | 8 |
| 8 | | 4 | | 4 | | 8 | | 21 | | 13 | | 18 | | 21 | | | 21 | | 21 |
| 1 | 8 | 20 | 19 | 11 | | 11 | 6 | 20 | 21 | 8 | 6 | 21 | 18 | 9 | | 20 | 13 | 18 | 17 | 8 |
| 11 | | 21 | | 8 | | 4 | | 2 | | 1 | | 11 | | 20 | | 11 | | 18 | | 5 |
| | 26 | 20 | 11 | 11 | 8 | 25 | 3 | 8 | 21 | 11 | | 8 | 21 | 7 | 1 | 23 | 8 | 19 | 20 | |

| | 2 | 3 | 4 | 5 | 6 | 7 | 8 | 9 | 10 | 11 | 12 | 13 |
|---|---|---|---|---|---|---|---|---|---|---|---|---|
| **T** | | | | | | | | | **X** | | | |
| **14** | **15** | **16** | **17** | **18** | **19** | **20** | **21** | **22** | **23** | **24** | **25** | **26** |
| | | | | | | **A** | | | | | | |

26

# CODEWORD PUZZLE 23

| 1 | 2 B | 3 | 4 | 5 | 6 | 7 | 8 | 9 | 10 | 11 | 12 | 13 |
|---|---|---|---|---|---|---|---|---|---|---|---|---|
| 14 I | 15 | 16 | 17 | 18 D | 19 | 20 | 21 | 22 | 23 | 24 | 25 | 26 |

# CODEWORD PUZZLE 24

| 6 | 16 | 19 | 9 | 25 | 10 | 25 | 6 | 24 | 9 | 25 | 5 | 4 | 3 | | 12 | 3 | 24 | 4 | 6 | 16 |
|---|---|---|---|---|---|---|---|---|---|---|---|---|---|---|---|---|---|---|---|---|
| 5 | | 24 | | 19 | | 4 | | 15 | | 4 | | 5 | | | | 9 | | 25 | | 6 |
| 14 | 24 | 1 | 16 | 19 | | 16 | 23 | 24 | 14 | 3 | 25 | 4 | 1 | | 6 | 5 | 3 | 21 | 25 | 6 |
| 25 | | 5 | | 16 | | 7 | | 19 | | 14 | | 6 | | 15 | | 21 | | 20 | | 16 |
| 16 | 22 | 12 | 24 | 23 | 25 | 9 | 26 | | 8 | 16 | 19 | 16 | 1 | 12 | 23 | 24 | 9 | 25 | 5 | 4 |
| 8 | | 9 | | 16 | | 19 | | | 6 | | | 8 | | 6 | | | 9 |
| | | 24 | 2 | 5 | 25 | 8 | | 3 | 9 | 19 | 16 | 4 | 1 | 9 | 11 | 16 | 4 | 16 | 19 |
| 24 | | 16 | | 24 | | 6 | | 24 | | 25 | | 7 | | 16 | | 3 | | 24 | | 25 |
| 19 | 16 | 3 | 25 | 4 | | 24 | 14 | 14 | 19 | 5 | 24 | 6 | 11 | | | 5 | 9 | 25 | 6 |
| 25 | | 14 | | 6 | 5 | 20 | | 25 | | 4 | | 24 | | 14 | 16 | 24 | | 25 | | 25 |
| 9 | 11 | 19 | 16 | 16 | | 23 | 16 | 24 | 14 | | 5 | 2 | 16 | 19 | | 19 | 5 | 5 | 3 | 9 |
| 11 | | 16 | | 3 | 16 | 16 | | 19 | | 24 | | 24 | | 16 | 24 | 9 | | 4 | | 25 |
| 21 | 12 | 3 | 13 | | | | 10 | 25 | 23 | 23 | 16 | 9 | 16 | 8 | | 25 | 21 | 24 | 1 | 16 |
| 16 | | 3 | | 6 | | 20 | | 16 | | 23 | | 16 | | 5 | | 6 | | 23 | | 3 |
| 9 | 5 | 5 | 9 | 11 | 20 | 19 | 12 | 3 | 11 | 16 | 3 | | 25 | 21 | 20 | 12 | 16 | | | |
| 25 | | | | 24 | | 16 | | | 1 | | | | 25 | | 23 | | 19 | | 16 |
| 6 | 5 | 4 | 10 | 25 | 8 | 16 | 4 | 9 | 25 | 24 | 23 | | 25 | 4 | 11 | 24 | 23 | 16 | 19 | 3 |
| 25 | | 16 | | 4 | | 8 | | 12 | | 9 | | 3 | | 24 | | 9 | | 3 | | 14 |
| 24 | 8 | 2 | 25 | 3 | 16 | | 24 | 4 | 9 | 25 | 14 | 11 | 5 | 4 | | 25 | 6 | 25 | 16 | 19 |
| 4 | | 16 | | 24 | | | 25 | | 5 | | 5 | | 6 | | 4 | | 18 | | 25 |
| 3 | 11 | 19 | 16 | 17 | 8 | | 24 | 6 | 13 | 4 | 5 | 17 | 23 | 16 | 8 | 1 | 21 | 16 | 4 | 9 |

| 1 | 2 | 3 | 4 | 5 | 6 | 7 | 8 | 9 T | 10 | 11 H | 12 | 13 |
|---|---|---|---|---|---|---|---|---|---|---|---|---|
| **14** | **15** | **16** | **17** | **18** | **19** | **20** | **21** | **22** | **23** | **24** A | **25** | **26** |

# CODEWORD PUZZLE 25

| 26 | 15 | 9 | 1 | 16 | 24 | 20 | 3 | | 9 | 4 | 16 | 19 | 15 | 9 | 1 | 16 | 24 | 9 |
| 16 | | 21 | | 21 | | 16 | | 16 | | 13 | | 2 | | 13 | | 9 | | 1 | | 9 |
| 3 | 16 | 1 | 16 | 24 | | 19 | 21 | 10 | 18 | 20 | 11 | 20 | 18 | 9 | | 18 | 1 | 9 | 16 | 6 |
| 3 | | 9 | | | 24 | | 20 | | 24 | | 6 | | 16 | | 21 | | 16 | | 9 |
| 9 | 11 | 9 | 1 | 25 | 1 | 9 | 9 | 2 | | 9 | 13 | 16 | 19 | 24 | 20 | 3 | | 24 | 16 | 1 |
| 15 | | | 16 | | | 9 | | | 24 | | | 24 | | | 16 |
| 24 | 9 | 2 | 26 | 1 | | 16 | 13 | 24 | 9 | 1 | | 20 | 3 | 22 | | 20 | 18 | 9 | 16 | 13 |
| 16 | | 9 | | 2 | | 1 | | | 21 | | 26 | | 16 | | 26 | | 13 | | 18 |
| 10 | 16 | 1 | 1 | 20 | 19 | 24 | 9 | 1 | | 10 | 20 | 2 | | 3 | 16 | 2 | 3 | 9 | 13 | 19 |
| 13 | | 11 | | 19 | | | 16 | | 22 | | | 23 | | | 3 |
| 9 | 15 | 26 | 3 | 23 | | 1 | 26 | 7 | 19 | | 14 | 9 | 19 | 24 | | 19 | 20 | 24 | 9 | 19 |
| | 21 | | | 20 | | | 12 | | 13 | | | 3 | | 26 | | 21 |
| 20 | 2 | 19 | 24 | 16 | 2 | 24 | | 16 | 25 | 9 | | 8 | 20 | 13 | 26 | 23 | 9 | 1 | 24 | 17 |
| 2 | | 13 | | 2 | | 17 | | 15 | | 24 | | | 20 | | 20 | | 16 | | 9 |
| 18 | 26 | 22 | 9 | 2 | | 22 | 16 | 15 | | 16 | 18 | 18 | 9 | 18 | | 19 | 26 | 13 | 16 | 1 |
| 21 | | | 26 | | | 1 | | | 9 | | | 6 | | | 16 |
| 19 | 16 | 15 | | 21 | 2 | 3 | 13 | 16 | 19 | 15 | | 25 | 13 | 20 | 19 | 19 | 16 | 2 | 18 | 20 |
| 24 | | 20 | | 2 | | 23 | | 20 | | 16 | | 1 | | 2 | | | 16 | | 2 |
| 1 | 9 | 13 | 20 | 3 | | 16 | 10 | 19 | 9 | 2 | 24 | 9 | 9 | 19 | | 16 | 19 | 19 | 9 | 24 |
| 22 | | 16 | | 9 | | 1 | | 16 | | 18 | | 9 | | 9 | | 19 | | 16 | | 22 |
| | 5 | 21 | 9 | 19 | 16 | 18 | 20 | 13 | 13 | 16 | | 19 | 16 | 24 | 3 | 23 | 9 | 13 | 19 |

| 1 | 2 | 3 | 4 | 5 | 6 | 7 | 8 | 9 | 10 | 11 | 12 | 13 |
|---|---|---|---|---|---|---|---|---|----|----|----|----|
|   |   |   |   |   |   |   |   |   |    |    |    |    |

| 14 | 15 | 16 | 17 | 18 | 19 | 20 | 21 | 22 | 23 | 24 | 25 | 26 |
|----|----|----|----|----|----|----|----|----|----|----|----|----|
|    | P  |    |    |    |    |    |    |    |    |    |    |    |

29

# CODEWORD PUZZLE 26

| 1 | 2 | 3 | 4 | 5 | 6 | 7 | 8 | 9 | 10 | 11 | 12 M | 13 |
|---|---|---|---|---|---|---|---|---|----|----|------|----|
| 14 | 15 | 16 | 17 | 18 | 19 | 20 | 21 | 22 | 23 | 24 | 25 | 26 |

# CODEWORD PUZZLE 27

| | 3 | | 9 | | 3 | | 10 | | 3 | | 3 | | 16 | | 19 | | 13 | | 9 | |
| 6 | 24 | 5 | 8 | 9 | 15 | 8 | 19 | 23 | 8 | 21 | 18 | | 24 | 18 | 3 | 1 | 3 | 5 | 10 | 9 |
| | 23 | | 14 | | 21 | | 11 | | 5 | | 21 | | 3 | | 5 | | 5 | | 3 | |
| 9 | 21 | 24 | 18 | 15 | 2 | 5 | 21 | 21 | 25 | | 3 | 12 | 14 | 21 | 5 | 8 | 23 | 11 | 13 | 9 |
| | 18 | | | | 23 | | | | 3 | | | | 13 | | 21 | | 8 | | | |
| 9 | 21 | 21 | 23 | 11 | 9 | 3 | 26 | 10 | 5 | 9 | | 15 | 8 | 9 | 23 | 3 | 18 | 19 | 10 | 9 |
| | 13 | | 10 | | | 3 | | 10 | | 25 | | 5 | | | | 14 | | 7 | |
| 11 | 26 | 2 | 10 | | 11 | 21 | 5 | 21 | 9 | 19 | 21 | 2 | 10 | | 11 | | 3 | 9 | 2 | 9 |
| | | | 23 | | 3 | | 15 | | | | 5 | | | 8 | | 12 | | 10 | |
| 10 | 24 | 2 | 11 | 21 | 5 | 8 | 3 | | 25 | 12 | 24 | 21 | 5 | 10 | 9 | 19 | 10 | 18 | 19 | 10 |
| | 18 | | | | 20 | | 5 | | 8 | | 13 | | 10 | | 23 | | | | 23 | |
| 15 | 10 | 22 | 10 | 12 | 21 | 2 | 13 | 10 | 18 | 23 | 9 | | 13 | 21 | 21 | 18 | 5 | 8 | 9 | 10 |
| | 16 | | 13 | | 24 | | | | 8 | | | | 3 | | 5 | | 8 | | | |
| 20 | 24 | 12 | 20 | | 5 | | 5 | 3 | 9 | 2 | 20 | 10 | 5 | 5 | 26 | | 2 | 8 | 2 | 10 |
| | 3 | | 12 | | | 10 | | 11 | | 21 | | 17 | | | | 10 | | 3 | |
| 3 | 12 | 20 | 3 | 23 | 5 | 21 | 9 | 9 | | 16 | 24 | 10 | 9 | 23 | 8 | 21 | 18 | 8 | 18 | 14 |
| | | | 4 | | 10 | | 10 | | | 8 | | | | 9 | | | | 19 | |
| 5 | 10 | 19 | 21 | 13 | 13 | 10 | 18 | 15 | 9 | | 12 | 3 | 18 | 15 | 9 | 19 | 3 | 2 | 10 | 9 |
| | 20 | | 18 | | 21 | | 23 | | 21 | | 12 | | 3 | | 24 | | 12 | | 23 | |
| 3 | 20 | 9 | 10 | 18 | 23 | 10 | 10 | | 20 | 8 | 21 | 15 | 8 | 22 | 10 | 5 | 9 | 8 | 23 | 26 |
| | 9 | | 15 | | 10 | | 15 | | 9 | | 18 | | 12 | | 9 | | 21 | | 3 | |

| 1 | 2 | 3 | 4 | 5 | 6 | 7 | 8 | 9 | 10 | 11 | 12 | 13 |
|---|---|---|---|---|---|---|---|---|----|----|----|----|
| 14 | 15 | 16 | 17 | 18 | 19 | 20 | 21 | 22 | 23 | 24 | 25 **F** | 26 |

# CODEWORD PUZZLE 28

| 14 | 11 | 13 | 4  | 19 | 25 | 26 | 14 | 2  |    | 15 | 25 | 24 | 25 | 10 | 14 | 26 | 7  | 18 | 25 | 13 |
| 2  |    | 19 |    | 16 |    | 8  |    | 8  |    | 19 |    | 6  |    | 17 |    | 14 |    | 21 |    | 17 |
| 17 | 26 | 15 | 4  | 14 |    | 6  | 14 | 9  | 19 | 24 | 24 | 19 |    | 15 | 8  | 15 | 20 | 13 | 25 | 24 |
| 15 |    | 20 |    | 26 |    | 16 |    | 16 |    | 14 |    | 26 |    | 15 |    | 24 |    | 8  |    | 24 |
| 19 | 2  | 19 | 9  | 25 | 8  |    | 1  | 19 | 26 | 9  |    | 7  | 15 | 18 | 16 | 19 | 4  | 24 | 10 | 21 |
| 24 |    | 9  |    | 24 |    | 2  |    |    |    | 8  |    | 25 |    | 25 |    | 6  |    | 18 |    |    |
| 25 | 24 | 14 | 16 | 25 | 7  | 14 |    | 1  | 19 | 6  | 25 | 24 | 8  | 26 | 14 |    | 3  | 14 | 14 | 6  |
| 8  |    |    |    | 14 |    | 7  |    | 8  |    | 25 |    |    |    | 25 |    | 19 |    | 7  |    | 17 |
| 26 | 14 | 16 | 14 | 7  | 25 | 7  |    | 26 | 14 | 7  | 24 | 4  | 14 |    |    | 15 | 4  | 25 | 16 | 1  |
| 19 |    | 19 |    |    | 14 |    | 19 |    | 14 |    | 8  |    | 1  |    | 24 |    | 7  |    |    |    |
| 4  | 19 | 15 | 22 | 17 | 14 | 6  | 25 | 26 | 9  |    | 19 | 9  | 9  | 6  | 14 | 7  | 7  | 25 | 5  | 14 |
|    | 6  |    | 7  |    | 24 |    | 10 |    | 25 |    | 25 |    | 25 |    |    | 26 |    | 26 |    |    |
| 8  | 10 | 8  | 26 | 14 |    | 23 | 19 | 1  | 6  | 25 | 15 |    | 14 | 26 | 9  | 19 | 9  | 14 | 2  |    |
| 23 |    | 14 |    | 2  |    | 24 |    |    | 6  |    | 19 |    | 23 |    | 4  |    |    |    | 8  |    |
| 23 | 19 | 15 | 24 |    | 9  | 8  | 8  | 2  | 12 | 25 | 4  | 4  |    | 4  | 14 | 19 | 24 | 18 | 14 | 6  |
|    | 8  |    | 15 |    | 16 |    | 17 |    | 9  |    |    | 21 |    | 7  |    | 14 |    | 7  |    |    |
| 23 | 19 | 26 | 15 | 21 | 12 | 8  | 6  | 20 |    | 19 | 6  | 16 | 21 |    | 13 | 7  | 21 | 15 | 18 | 14 |
| 4  |    | 8  |    | 9  |    | 6  |    | 14 |    | 24 |    | 14 |    | 16 |    | 12 |    | 24 |    | 16 |
| 19 | 4  | 16 | 8  | 26 | 14 | 6  |    | 2  | 12 | 25 | 26 | 2  | 4  | 14 |    | 19 | 12 | 19 | 20 | 14 |
| 20 |    | 25 |    | 14 |    | 8  |    | 8  |    | 8  |    | 25 |    | 26 |    | 6  |    | 6  |    | 26 |
| 21 | 19 | 15 | 18 | 24 | 7  | 12 | 8  | 16 | 19 | 26 |    | 19 | 16 | 17 | 7  | 14 | 16 | 14 | 26 | 24 |

| 1  | 2  | 3  | 4  | 5  | 6  | 7  | 8  | 9  | 10 | 11 | 12 | 13 |
|----|----|----|----|----|----|----|----|----|----|----|----|----|
| 14 | 15 | 16 | 17 | 18 | 19 | 20 K | 21 | 22 | 23 | 24 | 25 | 26 |

# CODEWORD PUZZLE 29

| 22 | 6 | 12 | 9 | 20 | 23 | 5 | 4 | | 16 | 4 | 6 | 11 | 20 | 23 | 23 | 20 | 4 | 24 | |
| 2 | | 19 | | 6 | | 5 | | 20 | | 5 | | 13 | | 6 | | | 20 | | 13 |
| 6 | 23 | 6 | 4 | 19 | | 14 | 6 | 23 | 23 | 13 | 6 | 13 | 20 | 4 | | 22 | 6 | 24 | 10 | 23 |
| 1 | | 8 | | | 20 | | 20 | | 10 | | 4 | | 23 | | 20 | | 20 | | 20 |
| 14 | 9 | 20 | 16 | 9 | 20 | 4 | | 6 | 4 | 12 | 9 | 20 | 16 | 1 | 13 | 20 | | 16 | 10 | 12 |
| 6 | | | 18 | | | 24 | | | | 9 | | | | 9 | | | | 16 |
| 23 | 5 | 22 | 20 | 24 | | 22 | 20 | 20 | | 26 | 18 | 20 | 18 | 20 | | 10 | 25 | 3 | 20 | 4 |
| 17 | | 4 | | 16 | | 18 | | | 18 | | 25 | | 6 | | 11 | | 6 | | 18 |
| 10 | 7 | 20 | 6 | 23 | 10 | 24 | 20 | 7 | | 6 | 10 | 7 | | 24 | 16 | 20 | 4 | 25 | 18 | 19 |
| 25 | | 6 | | 20 | | | | 18 | | 1 | | | 20 | | | | 16 | |
| 21 | 20 | 16 | | 4 | 18 | 24 | 9 | 20 | 7 | | 21 | 5 | 23 | 7 | 20 | 25 | | 6 | 7 | 7 |
| | 9 | | | 10 | | | 24 | | 6 | | | | 20 | | 24 | | 10 |
| 26 | 18 | 10 | 13 | 13 | 20 | 7 | | 6 | 4 | 16 | | 4 | 20 | 11 | 6 | 19 | 13 | 10 | 25 | 21 |
| 18 | | 25 | | 6 | | 23 | | 16 | | 6 | | | 20 | | 20 | | 24 | | 20 |
| 6 | 4 | 21 | 5 | 25 | | 20 | 25 | 16 | 20 | 4 | | 19 | 10 | 15 | | 24 | 20 | 20 | 17 | 24 |
| 7 | | | 6 | | | 4 | | | 6 | | | 10 | | | | 16 |
| 4 | 10 | 13 | | 12 | 4 | 10 | 16 | 10 | 12 | 10 | 24 | 19 | | 22 | 6 | 24 | 20 | 25 | 2 | 10 |
| 6 | | 6 | | 9 | | 25 | | 22 | | 25 | | 19 | | 6 | | | 5 | | 22 |
| 25 | 10 | 12 | 9 | 20 | | 24 | 12 | 18 | 23 | 13 | 16 | 5 | 4 | 24 | | 7 | 4 | 10 | 23 | 23 |
| 16 | | 20 | | | 20 | | 16 | | 18 | | 16 | | 10 | | 1 | | 24 | | 20 |
| | 6 | 7 | 2 | 18 | 24 | 16 | 19 | 20 | 25 | 16 | | 9 | 6 | 24 | 16 | 20 | 25 | 20 | 7 | |

| 1 | 2 | 3 | 4 | 5 | 6 | 7 | 8 | 9 H | 10 | 11 | 12 | 13 |
|---|---|---|---|---|---|---|---|---|---|---|---|---|
| 14 | 15 | 16 | 17 | 18 | 19 | 20 | 21 | 22 | 23 | 24 | 25 | 26 |

# CODEWORD PUZZLE 30

| | 3 | 12 | 2 | 16 | 8 | 5 | 12 | 26 | | 4 | 12 | 16 | 12 | 3 | 14 | 2 | 19 | 23 | 6 | |
| 4 | | 22 | | 2 | | 8 | | 3 | | 14 | | 15 | | 6 | | 16 | | 15 | | 5 |
| 15 | 7 | 12 | 3 | 5 | | 17 | 3 | 14 | 4 | 3 | 15 | 25 | 25 | 12 | | 19 | 14 | 2 | 5 | 21 |
| 23 | | 3 | | | 19 | | 14 | | 4 | | 12 | | | 6 | | 4 | | 8 |
| 15 | 5 | 5 | 3 | 15 | 10 | 5 | | 17 | 19 | 12 | 2 | 26 | 14 | 16 | 6 | 25 | | 21 | 12 | 3 |
| | 8 | | | 16 | | 15 | | 8 | | | 26 | | | 17 | | | 5 |
| 8 | 16 | 19 | 12 | 5 | | 20 | 18 | 14 | 3 | 26 | | 6 | 12 | 19 | | 15 | 23 | 8 | 7 | 12 |
| 25 | | 10 | | 21 | | 20 | | | 8 | | 15 | | 17 | | 5 | | 23 | | 12 |
| 15 | 26 | 21 | 12 | 3 | 12 | | 9 | 15 | 16 | 16 | 12 | 3 | | 12 | 10 | 21 | 12 | 23 | 14 | 16 |
| 4 | | 16 | | 14 | | | 16 | | 12 | | 26 | | 16 | | 12 | | 8 | |
| 12 | 22 | 15 | 19 | 17 | 12 | 3 | 15 | 5 | 12 | | 6 | 15 | 3 | 26 | 19 | 5 | 8 | 10 | 1 | 19 |
| | 2 | | 14 | | 8 | | 8 | | 25 | | 3 | | | 8 | | 8 | | 24 |
| 26 | 15 | 11 | 11 | 23 | 12 | 26 | | 13 | 2 | 15 | 23 | 25 | 19 | | 19 | 10 | 6 | 5 | 21 | 12 |
| 12 | | 12 | | 14 | | 12 | | 2 | | 11 | | | 4 | | 15 | | 23 | | 23 |
| 19 | 17 | 3 | 8 | 4 | | 19 | 21 | 12 | | 12 | 15 | 4 | 12 | 3 | | 23 | 14 | 6 | 15 | 23 |
| 10 | | | 8 | | 15 | | | 26 | | | 15 | | 23 | | 24 | |
| 15 | 23 | 23 | | 10 | 23 | 15 | 19 | 19 | 3 | 14 | 14 | 25 | | 26 | 14 | 6 | 12 | 16 | 16 | 12 |
| 16 | | 8 | | 15 | | | 25 | | 15 | | 12 | | 2 | | | 15 | | 15 |
| 5 | 14 | 5 | 15 | 23 | | 5 | 3 | 15 | 5 | 5 | 14 | 3 | 8 | 15 | | 20 | 15 | 10 | 5 | 19 |
| 19 | | 3 | | 23 | | 15 | | 3 | | 21 | | 4 | | 5 | | 8 | | 21 | | 5 |
| | 26 | 12 | 21 | 6 | 26 | 3 | 15 | 5 | 12 | 19 | | 12 | 23 | 12 | 10 | 5 | 8 | 14 | 16 | |

| 1 | 2 | 3 | 4 | 5 | 6 | 7 | 8 | 9 | 10 | 11 | 12 | 13 |
|---|---|---|---|---|---|---|---|---|---|---|---|---|
| **14** | **15** | **16** | **17** | **18** | **19** | **20** | **21** | **22** | **23** L | **24** | **25** | **26** |

# CODEWORD PUZZLE 31

| 1 | 2 | 3 G | 4 | 5 | 6 | 7 | 8 | 9 | 10 | 11 | 12 | 13 |
|---|---|---|---|---|---|---|---|---|----|----|----|----|
| 14 | 15 | 16 | 17 | 18 | 19 | 20 | 21 | 22 | 23 | 24 | 25 | 26 |

# CODEWORD PUZZLE 32

| | 15 | 14 | 15 | 16 | 2 | 9 | 24 | 3 | | 6 | | 20 | 21 | 15 | 11 | 3 | 7 | 12 | 24 | |
| 11 | | 9 | | 7 | | 1 | | 12 | | 21 | | 21 | | 14 | | 12 | | 8 | | 16 |
| 1 | 2 | 21 | 3 | 15 | | 2 | 9 | 24 | 23 | 11 | 2 | 9 | 19 | 15 | | 14 | 9 | 3 | 15 | 10 |
| 7 | | 25 | | | | 7 | | 7 | | | | 23 | | 1 | | 15 | | 15 | | 15 |
| 15 | 24 | 2 | 9 | 24 | 1 | 15 | | 25 | 15 | 24 | 15 | 10 | 9 | 3 | 12 | 10 | | 24 | 9 | 16 |
| 24 | | | | 15 | | 5 | | 2 | | | | 7 | | | 9 | | | | 9 |
| 3 | 9 | 16 | 15 | 10 | | 15 | 18 | 3 | 12 | 14 | | 14 | 12 | 3 | | 4 | 10 | 7 | 9 | 10 |
| 7 | | 12 | | 5 | | 10 | | | | 9 | | 9 | | 10 | | 14 | | 24 | | 15 |
| 8 | | 11 | 15 | 15 | 19 | | 6 | 9 | 1 | 19 | 15 | 3 | | 9 | 5 | 15 | 10 | 3 | 15 | 23 |
| 7 | | 3 | | 12 | | | 24 | | 15 | | 15 | | 7 | | | | 15 | | | |
| 1 | 9 | 16 | 9 | 4 | 7 | 14 | 7 | 3 | 13 | | 7 | 10 | 12 | 24 | 7 | 1 | 9 | 14 | 14 | 13 |
| | | 12 | | | 12 | | 7 | | 9 | | 9 | | | 1 | | | 14 | | 15 |
| 14 | 7 | 24 | 12 | 1 | 21 | 3 | | 1 | 9 | 6 | 12 | 14 | 15 | | 15 | 14 | 11 | 15 | | 11 |
| 12 | | 15 | | 14 | | 21 | | 12 | | 9 | | | 17 | | 14 | | 1 | | 3 |
| 5 | 7 | 11 | 3 | 9 | | 11 | 16 | 9 | | 10 | 21 | 17 | 4 | 9 | | 9 | 24 | 3 | 10 | 15 |
| 15 | | | | 7 | | | 25 | | | | 12 | | 25 | | 17 | | | | 10 |
| 9 | 11 | 19 | | 17 | 12 | 14 | 14 | 21 | 11 | 1 | 9 | 24 | | 9 | 1 | 9 | 23 | 15 | 17 | 13 |
| 4 | | 15 | | 9 | | 9 | | 14 | | | | 7 | | 26 | | | 19 | | 15 |
| 14 | 7 | 24 | 15 | 24 | | 11 | 16 | 9 | 25 | 2 | 15 | 3 | 3 | 7 | | 1 | 2 | 7 | 24 | 9 |
| 15 | | 23 | | 3 | | 15 | | 24 | | 12 | | 12 | | 24 | | 12 | | 24 | | 10 |
| | 4 | 12 | 22 | 11 | 16 | 10 | 7 | 3 | | 16 | | 10 | 2 | 15 | 12 | 14 | 12 | 25 | 13 | |

| 1 | 2 | 3 | 4 | 5 | 6 | 7 | 8 | 9 | 10 R | 11 | 12 | 13 |
|---|---|---|---|---|---|---|---|---|---|---|---|---|
| 14 | 15 | 16 | 17 | 18 | 19 | 20 | 21 | 22 | 23 | 24 | 25 | 26 |

# CODEWORD PUZZLE 33

| 1 | 2 | 3 D | 4 | 5 | 6 | 7 | 8 | 9 | 10 | 11 | 12 | 13 |
|---|---|-----|---|---|---|---|---|---|----|----|----|----|
| 14 | 15 | 16 | 17 | 18 | 19 | 20 | 21 | 22 | 23 | 24 | 25 | 26 |

# CODEWORD PUZZLE 34

| | 5 | | 20 | | 17 | | 6 | | 15 | | 6 | 18 | 6 | | 17 | | 9 | | 24 | |
|---|---|---|---|---|---|---|---|---|---|---|---|---|---|---|---|---|---|---|---|---|
| 5 | 18 | 24 | 14 | 19 | 26 | 19 | 14 | 24 | 14 | 19 | 17 | | 8 | 25 | 26 | 9 | 16 | 6 | 19 | 4 |
| | 24 | | 17 | | 5 | | 19 | | 24 | | 23 | | 11 | | 14 | | 3 | | 6 | |
| 11 | 14 | 8 | 24 | 5 | 8 | | 16 | 9 | 17 | 14 | 17 | 17 | 5 | 16 | 18 | | 12 | 25 | 18 | 4 |
| | 1 | | | | 21 | | 4 | | | | | | 14 | | 4 | | 25 | | 17 | |
| 26 | 19 | 16 | 9 | 14 | | 8 | 21 | 6 | 18 | | 13 | 6 | 15 | 14 | | 9 | 7 | 25 | 12 | 12 |
| | 6 | | 25 | | 26 | | 18 | | 16 | | 5 | | 14 | | 22 | | | | 14 | |
| 26 | 7 | 14 | 24 | 11 | 16 | 19 | 6 | | 25 | 18 | 4 | 14 | 19 | 26 | 14 | 19 | 12 | 16 | 19 | 22 |
| 14 | | | 24 | | 17 | | 22 | | 18 | | 14 | | | | 17 | | 16 | | 6 | |
| 6 | 17 | 8 | 14 | 19 | 24 | 6 | 5 | 18 | 17 | | 18 | 16 | 19 | 24 | 11 | | 16 | 19 | 9 | 17 |
| | 26 | | 19 | | | 8 | | | | | | | 14 | | | 4 | | 7 | | |
| 10 | 5 | 18 | 8 | | 26 | 14 | 17 | 24 | 17 | | 13 | 14 | 6 | 23 | 18 | 14 | 17 | 17 | 14 | 17 |
| | 19 | | 25 | | 7 | | | 16 | | 14 | | 4 | | 14 | | 24 | | | 16 |
| 22 | 5 | 17 | 26 | 19 | 16 | 18 | 16 | 25 | 18 | 8 | 14 | | 20 | 6 | 8 | 2 | 25 | 6 | 19 | 4 |
| | 24 | | | | 21 | | 19 | | 1 | | 4 | | 25 | | 23 | | 12 | | 16 | |
| 2 | 25 | 5 | 8 | 23 | | 14 | 1 | 1 | 17 | | 17 | 6 | 17 | 11 | | 6 | 12 | 16 | 16 | 24 |
| | 6 | | 6 | | 17 | | 6 | | | | | | 24 | | 8 | | | 17 | |
| 8 | 7 | 25 | 9 | | 8 | 16 | 18 | 25 | 18 | 4 | 19 | 25 | 22 | | 11 | 6 | 9 | 5 | 24 | 17 |
| | 5 | | 7 | | 16 | | 5 | | 14 | | 6 | | 14 | | 6 | | 6 | | 14 | |
| 6 | 24 | 24 | 14 | 22 | 26 | 24 | 17 | | 6 | 18 | 18 | 25 | 18 | 8 | 5 | 6 | 24 | 16 | 19 | 21 |
| | 21 | | 4 | | 14 | | 22 | 6 | 19 | | 23 | | 24 | | 19 | | 11 | | 17 | |

| 1 | 2 | 3 | 4 | 5 | 6 | 7 | 8 | 9 | 10 | 11 | 12 | 13 |
|---|---|---|---|---|---|---|---|---|---|---|---|---|
| **14** | **15** | **16** | **17** | **18** | **19** | **20** | **21** | **22** | **23** K | **24** | **25** | **26** |

# CODEWORD PUZZLE 35

| | 3 | 17 | 17 | 26 | 24 | 3 | 25 | 4 | | 18 | 3 | 24 | 16 | 8 | 3 | 9 | 9 | 26 | 13 | |
| 13 | | 3 | | 3 | | 24 | | 3 | | 17 | | 23 | | 5 | | 3 | | 5 | | 21 |
| 4 | 3 | 5 | | 16 | | 25 | 14 | 5 | 1 | 14 | 26 | 21 | 6 | 4 | | 17 | 4 | 3 | 16 | 6 |
| 12 | | 19 | | | | | 17 | | 20 | | 23 | | 3 | 17 | 17 | | 25 | | 26 |
| 6 | 2 | 3 | 8 | 23 | 4 | 25 | 25 | 21 | | 20 | 3 | 14 | 17 | 25 | | 3 | 17 | 4 | 5 | 25 |
| 3 | | | | 21 | | 14 | | 4 | | | 3 | | | | 5 | | | | 26 |
| 8 | 5 | 3 | 7 | 4 | | 25 | 4 | 5 | 9 | 6 | | 23 | 14 | 9 | | 10 | 5 | 26 | 26 | 2 |
| 4 | | 8 | | 5 | | 25 | | | | 21 | | 14 | | 3 | | | 9 | | | 4 |
| 13 | 26 | 5 | 9 | 3 | 17 | 21 | 25 | 11 | | 2 | 4 | 3 | | 13 | 4 | 5 | 19 | 4 | | 6 |
| 25 | | 26 | | 5 | | | | 4 | | 6 | | | | 8 | | 3 | | 17 | |
| 6 | 26 | 13 | 21 | 24 | | 15 | 4 | 6 | 25 | | 19 | 4 | 25 | 26 | | 24 | 23 | 4 | 4 | 5 |
| | | 26 | | 23 | | 14 | | | 21 | | 5 | | | 4 | | 25 | | 4 |
| 3 | | 9 | 3 | 11 | 26 | 5 | | 12 | 3 | 10 | | 3 | 4 | 6 | 25 | 23 | 4 | 25 | 21 | 24 |
| 5 | | 21 | | | 26 | | 23 | | 4 | | | | 23 | | 26 | | 4 | | 21 |
| 24 | 26 | 24 | 26 | 3 | | 5 | 11 | 4 | | 3 | 5 | 26 | 9 | 3 | | 5 | 4 | 6 | 4 | 25 |
| 23 | | | | 17 | | | 5 | | | | 5 | | 5 | | 6 | | | | 3 |
| 21 | 13 | 8 | 26 | 25 | | 21 | 25 | 4 | 9 | 6 | | 21 | 9 | 2 | 17 | 4 | 9 | 4 | 13 | 25 |
| 19 | | 3 | | 4 | 13 | 10 | | 14 | | 21 | | 8 | | | | | 13 | | 21 |
| 4 | 17 | 19 | 4 | 5 | | 4 | 22 | 2 | 3 | 13 | 6 | 21 | 19 | 4 | | 2 | | 25 | 26 | 26 |
| 6 | | 4 | | 4 | | 3 | | 26 | | 8 | | 13 | | 17 | | 14 | | 4 | | 13 |
| | 20 | 17 | 4 | 10 | 8 | 17 | 21 | 13 | 8 | 6 | | 6 | 4 | 9 | 21 | 13 | 3 | 5 | 6 | |

| 1 | 2 | 3 | 4 | 5 | 6 | 7 | 8<br>G | 9 | 10 | 11 | 12 | 13 |
|---|---|---|---|---|---|---|---|---|---|---|---|---|
| 14 | 15 | 16 | 17 | 18 | 19 | 20 | 21 | 22 | 23 | 24 | 25 | 26 |

# CODEWORD PUZZLE 36

| 1 | 2 | 3 Y | 4 | 5 | 6 | 7 | 8 | 9 | 10 | 11 | 12 | 13 |
|---|---|---|---|---|---|---|---|---|---|---|---|---|
| 14 | 15 | 16 | 17 | 18 | 19 | 20 | 21 | 22 | 23 | 24 | 25 | 26 |

# CODEWORD PUZZLE 37

| 1 | 2 | 3 | 4 | 5 | 6 | 7 | 8 | 9 | 10 | 11 | 12 | 13 |
|---|---|---|---|---|---|---|---|---|----|----|----|----|
|   |   |   |   |   |   |   |   |   |    |    |    |    |

| 14 | 15 | 16 | 17 B | 18 | 19 | 20 | 21 | 22 | 23 | 24 | 25 | 26 |
|----|----|----|------|----|----|----|----|----|----|----|----|----|
|    |    |    |      |    |    |    |    |    |    |    |    |    |

# CODEWORD PUZZLE 38

| 19 | 5 | 5 | 15 | 25 | 15 | 9 | 11 | 25 | | 15 | 2 | 12 | 16 | 24 | 15 | 24 | 5 | 8 | 12 | 17 |
|----|----|----|----|----|----|----|----|----|----|----|----|----|----|----|----|----|----|----|----|----|
| 5 | | 12 | | 14 | | 8 | | 13 | | 2 | | | | 8 | | 2 | | 12 | | 13 |
| 14 | 24 | 2 | 14 | 13 | 20 | 6 | 9 | 8 | 15 | 24 | 8 | 18 | | 4 | 8 | 5 | 15 | 15 | 9 | 16 |
| 12 | | | 17 | | 24 | | | 12 | | 13 | | | | 8 | | 24 | | 24 |
| 17 | 12 | 8 | 16 | 17 | 5 | 2 | 16 | 25 | | 8 | 9 | 9 | 16 | | 25 | 24 | 17 | 5 | | 14 |
| | 12 | | 24 | | 5 | | | 18 | | 25 | | 25 | | 14 | | 8 | | 2 |
| 2 | 24 | 11 | 9 | 8 | | 8 | 12 | 25 | 15 | 13 | 2 | 15 | 24 | 13 | 20 | | 23 | 12 | 17 | 5 |
| 9 | | | 18 | | 20 | | 1 | | 17 | | | 2 | | | 20 | | 17 | | 13 |
| 17 | 12 | 14 | 9 | | 21 | 9 | 8 | 9 | 19 | 12 | 14 | 15 | 5 | 2 | | 12 | 17 | 24 | 12 | 25 |
| 24 | | 5 | | | 8 | | 9 | | 2 | | | 9 | | 26 | | 15 | | |
| 14 | 5 | 20 | 20 | 9 | 8 | 15 | 12 | 15 | 9 | | 14 | 12 | 11 | 12 | 21 | 24 | 17 | 24 | 15 | 10 |
| | 20 | | 12 | | 12 | | | 12 | | 24 | | 17 | | | 9 | | 24 |
| 14 | 23 | 9 | 25 | 25 | | 17 | 24 | 8 | 18 | 13 | 24 | 25 | 15 | 24 | 14 | | 24 | 25 | 17 | 9 |
| 12 | | 20 | | 10 | | 24 | | | 14 | | 17 | | 25 | | 20 | | | 17 |
| 15 | 2 | 5 | 15 | | 12 | 25 | 25 | 5 | 2 | 15 | 20 | 9 | 8 | 15 | | 12 | 16 | 16 | 9 | 16 |
| 23 | | 2 | | 22 | | 15 | | 6 | | 24 | | | 24 | | 2 | | 13 |
| 9 | | 12 | 7 | 13 | 12 | | 23 | 9 | 2 | 5 | | 14 | 5 | 14 | 23 | 24 | 8 | 9 | 12 | 17 |
| 16 | | 15 | | 2 | | | 2 | | 8 | | | 12 | | 8 | | | 24 |
| 2 | 23 | 24 | 3 | 5 | 20 | 9 | | 25 | 14 | 24 | 8 | 15 | 24 | 17 | 17 | 12 | 15 | 24 | 5 | 8 |
| 12 | | 8 | | 2 | | 2 | | | 8 | | 5 | | 17 | | 2 | | 14 | | 9 |
| 17 | 9 | 18 | 24 | 25 | 17 | 12 | 15 | 24 | 8 | 18 | | 1 | 12 | 10 | 19 | 12 | 2 | 9 | 2 | 25 |

| 1 | 2 | 3 | 4 | 5 | 6 | 7 | 8 | 9 | 10 | 11 | 12 | 13 |
|---|---|---|---|---|---|---|---|---|----|----|----|----|
|   |   |   |   |   |   |   |   |   |    |    |    |    |

| 14 | 15 | 16 | 17 | 18 | 19 | 20 | 21 | 22 | 23 | 24 | 25 | 26 |
|----|----|----|----|----|----|----|----|----|----|----|----|----|
|    |    |    |    |    |    |    |    |    | H  |    |    |    |

# CODEWORD PUZZLE 39

| 1 | 2 | 3 | 4 | 5 | 6 | 7 | 8 | 9 | 10 | 11 | 12 | 13 |
|---|---|---|---|---|---|---|---|---|----|----|----|----|
| 14 | 15 D | 16 | 17 | 18 | 19 | 20 | 21 | 22 | 23 | 24 | 25 | 26 |

# CODEWORD PUZZLE 40

| | 8 | 22 | 14 | 20 | 11 | 25 | 24 | 16 | | 23 | 22 | 5 | 4 | 24 | 25 | 5 | 25 | 20 | 24 | |
|---|---|---|---|---|---|---|---|---|---|---|---|---|---|---|---|---|---|---|---|---|
| 20 | | 6 | | 21 | | 24 | | 8 | | 20 | | 20 | | 26 | | 20 | | 18 | | 20 |
| 17 | 14 | 26 | 24 | 23 | | 10 | 21 | 9 | 24 | 10 | 9 | 8 | 22 | 18 | | 8 | 20 | 18 | 20 | 8 |
| 10 | | 25 | | | 25 | | 23 | | 15 | | 25 | | 16 | | | | 22 | | 9 |
| 9 | 21 | 21 | 9 | 10 | 22 | 18 | | 23 | | 10 | 20 | 17 | 8 | 22 | | 13 | 9 | 18 | 22 | 13 |
| 8 | | | | 20 | | 22 | 16 | 9 | | | 9 | | | | 20 | | | | 20 |
| 17 | 8 | 22 | 22 | 18 | | 8 | | 10 | 20 | 19 | 18 | 26 | 10 | 23 | | 25 | 24 | 16 | 9 | 23 |
| 22 | | 24 | | 18 | | 10 | | | 4 | | | 20 | | 3 | | 26 | | 25 |
| 24 | 9 | 3 | 3 | 14 | 22 | | 20 | 14 | 21 | 20 | 5 | 20 | | 10 | 5 | 22 | 21 | 23 | 25 | 5 |
| 5 | | 7 | | 22 | | | 22 | | 23 | | 16 | | 23 | | | 23 | | |
| 7 | | 13 | 20 | 10 | 23 | 4 | 22 | 20 | 18 | | 2 | 25 | 8 | 22 | 10 | 25 | 18 | 22 | | 22 |
| | | 20 | | | 25 | | 10 | | 15 | | 14 | | | | 10 | | 8 | | 24 |
| 20 | 8 | 23 | 19 | 9 | 8 | 15 | | 23 | 20 | 24 | 18 | 22 | 13 | | 12 | 9 | 15 | 25 | 24 | 16 |
| 13 | | 25 | | 26 | | 22 | | | 22 | | | | 5 | | 23 | | 24 | | 25 |
| 17 | 20 | 5 | 9 | 24 | | 8 | 22 | 23 | 8 | 22 | 20 | 23 | | 4 | | 9 | 8 | 16 | 20 | 24 |
| 25 | | | | 5 | | | 22 | | | | 22 | 7 | 22 | | 21 | | | | 22 |
| 22 | 7 | 8 | 25 | 22 | | 13 | 20 | 24 | 16 | 9 | | 13 | | 20 | 1 | 22 | 8 | 20 | 16 | 22 |
| 24 | | 9 | | | 20 | | 20 | | 11 | | 21 | | 21 | | | | 18 | | 8 |
| 5 | 14 | 9 | 23 | 4 | | 5 | 9 | 24 | 2 | 25 | 16 | 26 | 8 | 22 | | 8 | 22 | 22 | 1 | 22 |
| 22 | | 10 | | 22 | | 8 | | 5 | | 18 | | 8 | | 10 | | 22 | | 21 | | 18 |
| | 10 | 23 | 22 | 8 | 22 | 9 | 23 | 7 | 21 | 22 | | 20 | 5 | 23 | 25 | 1 | 20 | 23 | 22 | |

| 1 | 2 | 3 | 4 | 5 | 6 | 7 | 8 | 9 | 10 | 11 | 12 | 13 |
|---|---|---|---|---|---|---|---|---|---|---|---|---|
| 14 | 15 | 16 | 17 | 18 | 19 | 20 | 21 | 22 | 23 T | 24 | 25 | 26 |

44

# CODEWORD PUZZLE 41

| 1 | 2 | 3 | 4 | 5 | 6 | 7 | 8 | 9 V | 10 | 11 | 12 | 13 |
|---|---|---|---|---|---|---|---|-----|----|----|----|----|
| 14 | 15 | 16 | 17 | 18 | 19 | 20 | 21 | 22 | 23 | 24 | 25 | 26 |

# CODEWORD PUZZLE 42

| 18 | | 22 | | 19 | | 21 | | 1 | | | 4 | | 5 | | 15 | | 23 | |
|----|----|----|----|----|----|----|----|----|----|----|----|----|----|----|----|----|----|----|
| 4 | 25 | 2 | 4 | 22 | 2 | 16 | 8 | 7 | 16 | 22 | | 11 | 25 | 16 | 7 | 2 | 19 | 4 | 7 | 18 |
| | 9 | | 5 | | 16 | | 22 | | 7 | | 4 | | 18 | | 2 | | 21 | | 2 | |
| 4 | 7 | 10 | 25 | 18 | 22 | | 21 | 7 | 8 | 11 | 25 | 19 | 18 | | 20 | 22 | 21 | 18 | 25 | 24 |
| | 8 | | | 8 | | 7 | | | 2 | | 19 | | 18 | | 22 | | 22 | |
| 20 | 19 | 1 | 4 | 25 | 6 | 22 | 8 | 22 | 20 | | 16 | 8 | 22 | 23 | 22 | 2 | 20 | 25 | 14 | 1 |
| | 16 | | 7 | | 22 | | 7 | | 19 | | 25 | | 8 | | 11 | | | 6 | |
| 4 | 5 | 22 | 1 | 16 | 2 | 14 | 16 | | 9 | 22 | 8 | 8 | 24 | 23 | 7 | 2 | 20 | 22 | 8 | 1 |
| | 23 | | 1 | | 22 | | 19 | | 19 | | 16 | | | 8 | | 19 | | 19 | |
| | 2 | 22 | 26 | 1 | 26 | 25 | 8 | 16 | 5 | 19 | 2 | 22 | 1 | 1 | | 21 | 19 | 2 | 13 |
| | 17 | | 8 | | | 2 | | 7 | | 25 | | 4 | | | 18 | | 9 | |
| 20 | 25 | 10 | 25 | | 20 | 22 | 1 | 7 | 18 | 19 | 2 | 19 | 1 | 7 | 16 | 19 | 25 | 2 | |
| | 8 | | 18 | | 22 | | | 19 | | 19 | | 16 | | 5 | | 23 | | 7 | |
| 20 | 22 | 1 | 22 | 2 | 1 | 19 | 16 | 19 | 1 | 22 | 1 | | 7 | 23 | 22 | 2 | 7 | 11 | 18 | 22 |
| | 3 | | | | 19 | | 8 | | 7 | | 16 | | 16 | | 8 | | 16 | | 18 | |
| 1 | 14 | 17 | 17 | 19 | 4 | 19 | 22 | 2 | 16 | | 1 | 13 | 19 | 8 | 23 | 19 | 1 | 5 | 22 | 1 |
| | 7 | | 18 | | 4 | | 7 | | 19 | | | 4 | | 25 | | | 6 | |
| 7 | 8 | 23 | 7 | 20 | 7 | | 20 | 19 | 25 | 8 | 7 | 23 | 7 | | 1 | 16 | 7 | 16 | 19 | 4 |
| | 16 | | 6 | | 16 | | 18 | | 2 | | 10 | | 18 | | 16 | | 21 | | 7 | |
| 20 | 22 | 18 | 19 | 6 | 22 | 8 | 22 | 20 | | 21 | 7 | 8 | 18 | 19 | 7 | 23 | 22 | 2 | 16 | 1 |
| | 8 | | 2 | | 20 | | 20 | | | 8 | | 24 | | 16 | | 12 | | 22 | |

| 1 | 2 | 3 | 4 | 5 | 6 | 7 | 8 | 9 | 10 | 11 | 12 | 13 |
|---|---|---|---|---|---|---|---|---|---|---|---|---|
| | | | | | | | | | | | | |

| 14 | 15 | 16 | 17 | 18 | 19 | 20 | 21 | 22 | 23 | 24 | 25 | 26 |
|----|----|----|----|----|----|----|----|----|----|----|----|----|
| | | | | | | | | | | | | W |

# CODEWORD PUZZLE 43

| 21 | 26 | 9 | 16 | 8 | 4 | 8 | 3 | 24 |  | 26 | 3 | 8 | 14 | 13 | 4 | 24 | 13 | 7 |  |
|----|----|----|----|----|----|----|----|----|----|----|----|----|----|----|----|----|----|----|----|
| 8 |  | 25 |  | 26 |  | 24 |  | 26 |  | 26 |  | 2 |  | 3 |  | 19 |  | 8 |  | 26 |
| 16 | 11 | 2 | 8 | 3 |  | 26 | 24 | 12 | 2 | 18 | 12 | 2 | 4 | 24 |  | 13 | 24 | 9 | 23 | 16 |
| 2 |  | 19 |  | 4 |  | 18 |  | 14 |  | 10 |  | 23 |  | 13 |  | 8 |  | 1 |  | 8 |
| 4 | 24 | 7 | 24 | 2 | 12 | 2 | 3 | 2 | 14 | 8 | 9 | 26 | 3 |  | 16 | 9 | 12 | 24 | 24 | 13 |
| 24 |  |  |  | 13 |  | 6 |  |  |  | 16 |  | 3 |  |  |  | 8 |  |  |  | 8 |
| 7 | 12 | 24 | 23 |  |  | 9 | 1 | 12 | 2 | 13 | 8 | 9 |  | 2 | 11 | 7 | 8 | 2 | 13 |
| 12 |  | 20 |  | 21 |  | 21 |  | 26 |  | 12 |  | 23 |  | 4 |  | 26 |  | 4 |  | 8 |
| 8 | 13 | 5 | 19 | 8 | 12 | 8 | 24 | 16 |  | 16 | 9 | 24 | 13 | 24 |  | 3 | 8 | 4 | 8 | 7 |
| 9 |  | 19 |  | 15 |  | 18 |  | 7 |  |  | 2 |  |  | 13 |  |  |  | 24 |  | 22 |
|  | 15 | 8 | 14 | 15 | 26 | 14 | 14 | 24 | 18 |  | 14 | 12 | 26 | 7 | 8 | 7 | 19 | 18 | 24 |  |
| 26 |  | 16 |  |  | 24 |  |  | 24 |  |  | 24 |  | 8 |  | 8 |  | 8 |  | 21 |
| 9 | 1 | 8 | 13 | 26 |  | 7 | 6 | 26 | 13 | 14 |  | 25 | 12 | 2 | 23 | 24 | 12 | 26 | 14 | 24 |
| 9 |  | 7 |  | 21 |  | 22 |  | 25 |  | 3 |  | 24 |  | 13 |  | 12 |  | 7 |  | 26 |
| 24 | 10 | 24 | 13 | 7 | 16 |  | 19 | 16 | 19 | 26 | 3 | 3 | 22 |  |  | 17 | 24 | 16 | 7 |
| 16 |  |  |  | 24 |  |  | 24 |  | 13 |  |  |  | 4 |  | 6 |  |  |  | 1 |
| 16 | 26 | 3 | 26 | 12 | 22 |  | 9 | 8 | 12 | 9 | 19 | 4 | 13 | 26 | 10 | 8 | 14 | 26 | 7 | 24 |
| 2 |  | 24 |  | 4 |  | 16 |  | 3 |  | 8 |  | 24 |  | 13 |  | 18 |  | 8 |  | 12 |
| 12 | 19 | 4 | 25 | 26 |  | 9 | 3 | 8 | 24 | 13 | 7 | 24 | 3 | 24 |  | 14 | 3 | 2 | 10 | 24 |
| 22 |  | 2 |  | 7 |  | 26 |  | 13 |  | 14 |  | 7 |  | 14 |  | 24 |  | 3 |  | 18 |
|  | 26 | 13 | 9 | 1 | 2 | 12 | 26 | 14 | 24 |  | 26 | 16 | 9 | 24 | 12 | 7 | 26 | 8 | 13 |  |

| 1 | 2 | 3 | 4 | 5 | 6 | 7 | 8 | 9 C | 10 | 11 | 12 | 13 |
|---|---|---|---|---|---|---|---|---|----|----|----|----|
| 14 | 15 | 16 | 17 | 18 | 19 | 20 | 21 | 22 | 23 | 24 | 25 | 26 |

# CODEWORD PUZZLE 44

| | 20 | 14 | 11 | 14 | 4 | 6 | 23 | 9 | | 1 | 8 | 24 | 21 | 23 | 14 | 26 | 6 | 16 | 20 | |
|---|---|---|---|---|---|---|---|---|---|---|---|---|---|---|---|---|---|---|---|---|
| 10 | | 21 | | 21 | | 23 | | 22 | | 9 | | 23 | | 8 | | 6 | | 24 | | 21 |
| 9 | 12 | 9 | 23 | 10 | | 10 | 14 | 6 | 26 | 13 | 6 | 23 | 5 | 16 | | 14 | 18 | 18 | 26 | 9 |
| 26 | | 23 | | | | 21 | | 16 | | 9 | | 9 | | 9 | | 6 | | 9 | | 26 |
| 9 | 22 | 14 | 20 | 6 | 23 | 9 | | 10 | 9 | 26 | 9 | 17 | 14 | 16 | 10 | 16 | | 21 | 19 | 9 |
| 16 | | | | 20 | | 18 | | 9 | | | | 9 | | | | 8 | | | | 14 |
| 17 | 21 | 9 | 9 | 18 | | 6 | 23 | 5 | 24 | 9 | | 16 | 7 | 19 | | 23 | 8 | 24 | 23 | 16 |
| 8 | | 23 | | 14 | | 5 | | | | 12 | | 16 | | 8 | | | 23 | | 9 | |
| 18 | 24 | 21 | 6 | 16 | 10 | | 17 | 14 | 20 | 9 | 21 | 14 | | 24 | 18 | 5 | 14 | 10 | 9 | 5 |
| 9 | | 8 | | 10 | | | 17 | | 23 | | 21 | | 10 | | | 8 | | | | |
| 16 | 6 | 26 | 2 | 8 | 24 | 9 | 10 | 10 | 9 | | 26 | 6 | 11 | 2 | 10 | 2 | 8 | 24 | 16 | 9 |
| | 20 | | | | 17 | | 24 | | 20 | | 26 | | | 14 | | 17 | | 6 | | |
| 17 | 2 | 9 | 21 | 12 | 6 | 26 | | 14 | 23 | 8 | 23 | 19 | 20 | | 6 | 23 | 17 | 2 | 9 | 16 |
| 8 | | 23 | | | | 14 | | 26 | | 16 | | | 14 | | 5 | | 9 | | 10 | |
| 24 | 10 | 10 | 9 | 21 | | 10 | 24 | 6 | | 16 | 14 | 26 | 14 | 5 | | 26 | 14 | 5 | 26 | 9 |
| 21 | | | | 9 | | | 16 | | | | 14 | | 5 | | 9 | | | | 5 | |
| 10 | 9 | 14 | | 15 | 14 | 23 | 10 | 14 | 16 | 10 | 6 | 17 | | 9 | 23 | 5 | 24 | 21 | 9 | 5 |
| 9 | | 26 | | 21 | | 14 | | 10 | | 2 | | 25 | | 23 | | | 24 | | 15 | |
| 16 | 9 | 6 | 4 | 9 | | 17 | 21 | 6 | 10 | 6 | 25 | 24 | 9 | 5 | | 17 | 14 | 21 | 11 | 8 |
| 19 | | 3 | | 16 | | 21 | | 8 | | 11 | | 9 | | 24 | | 8 | | 14 | | 5 |
| | 9 | 6 | 11 | 2 | 10 | 9 | 9 | 23 | 10 | 2 | | 21 | 9 | 20 | 8 | 10 | 9 | 26 | 19 | |

| 1 | 2 H | 3 | 4 | 5 | 6 | 7 | 8 | 9 | 10 | 11 | 12 | 13 |
|---|---|---|---|---|---|---|---|---|---|---|---|---|
| 14 | 15 | 16 | 17 | 18 | 19 | 20 | 21 | 22 | 23 | 24 | 25 | 26 |

# CODEWORD PUZZLE 45

| 1 | 2 | 3 | 4 | 5 | 6 | 7 M | 8 | 9 | 10 | 11 | 12 | 13 |
|---|---|---|---|---|---|---|---|---|----|----|----|----|
| 14 | 15 | 16 | 17 | 18 | 19 | 20 | 21 | 22 | 23 | 24 | 25 | 26 |

49

# CODEWORD PUZZLE 46

| 1 | 2 | 3 | 4 | 5 | 6 | 7 | 8 | 9 | 10 | 11 | 12 | 13 |
|---|---|---|---|---|---|---|---|---|----|----|----|----|
| **14** N | 15 | 16 | 17 | 18 | 19 | 20 | 21 | 22 | 23 | 24 | 25 | 26 |

50

# CODEWORD PUZZLE 47

| | 11 | 21 | 18 | 3 | 15 | 4 | 9 | 26 | | 3 | 15 | 26 | 2 | 8 | 4 | 11 | 9 | 2 | 8 | |
|---|---|---|---|---|---|---|---|---|---|---|---|---|---|---|---|---|---|---|---|---|
| 3 | | 22 | | 8 | | 2 | | 3 | | 1 | | 11 | | 2 | | 2 | | 19 | | 3 |
| 26 | 5 | 2 | 26 | 6 | | 15 | 12 | 17 | 17 | 9 | 7 | 9 | 2 | 20 | | 7 | 17 | 12 | 9 | 20 |
| 26 | | 11 | | | 8 | | 14 | | 17 | | 4 | | 3 | | 17 | | 9 | | 20 | |
| 2 | 10 | 3 | 18 | 9 | 15 | 2 | | 21 | 25 | 2 | 20 | 9 | 2 | 15 | 26 | 2 | | 22 | 9 | 2 |
| 17 | | | 20 | | | 15 | | | 19 | | | 10 | | | 15 | | | | | |
| 2 | 18 | 22 | 4 | 24 | | 26 | 5 | 2 | 3 | 22 | | 12 | 8 | 2 | | 9 | 20 | 17 | 2 | 20 |
| 11 | | 17 | | 17 | | 21 | | | 3 | | 2 | | 10 | | 13 | | 2 | | 12 | |
| 3 | 13 | 3 | 9 | 17 | 3 | 25 | 17 | 2 | | 16 | 3 | 8 | | 22 | 11 | 2 | 18 | 9 | 12 | 18 |
| 4 | | 24 | | 9 | | | 24 | | 15 | | | 2 | | | 8 | | | | | |
| 2 | 4 | 5 | 9 | 26 | | 3 | 15 | 2 | 16 | | 23 | 21 | 16 | 17 | | 4 | 11 | 12 | 26 | 2 |
| | | 21 | | | 5 | | | 26 | | 16 | | | 16 | | 11 | | 7 | | | |
| 2 | 17 | 12 | 8 | 9 | 13 | 2 | | 3 | 8 | 5 | | 17 | 21 | 21 | 8 | 2 | 17 | 2 | 3 | 7 |
| 8 | | 8 | | 15 | | 3 | | 22 | | 9 | | | 3 | | 17 | | 17 | | 21 | |
| 26 | 11 | 2 | 8 | 4 | | 20 | 12 | 21 | | 26 | 17 | 2 | 11 | 6 | | 7 | 17 | 24 | 2 | 11 |
| 3 | | | 2 | | | 17 | | | 15 | | | 4 | | | 4 | | | | | |
| 22 | 2 | 1 | | 1 | 2 | 21 | 17 | 21 | 1 | 9 | 8 | 4 | | 2 | 4 | 5 | 3 | 15 | 21 | 17 |
| 3 | | 12 | | 11 | | 25 | | 1 | | 26 | | 16 | | 26 | | | 21 | | 2 | |
| 20 | 11 | 3 | 18 | 3 | | 2 | 20 | 9 | 4 | 21 | 11 | 9 | 3 | 17 | | 1 | 24 | 25 | 2 | 8 |
| 2 | | 13 | | 4 | | 24 | | 8 | | 15 | | 15 | | 3 | | 15 | | 17 | | 8 |
| | 16 | 3 | 4 | 2 | 11 | 8 | 5 | 2 | 20 | 8 | | 2 | 15 | 4 | 5 | 12 | 8 | 2 | 20 | |

| 1 | 2 | 3 | 4 | 5 | 6 | 7 | 8 | 9 | 10 | 11 | 12 | 13 |
|---|---|---|---|---|---|---|---|---|---|---|---|---|
| 14 | 15 | 16 **W** | 17 | 18 | 19 | 20 | 21 | 22 | 23 | 24 | 25 | 26 |

# CODEWORD PUZZLE 48

| 1 | 2 | 3 | 4 | 5 | 6 | 7 | 8 | 9 P | 10 | 11 | 12 | 13 |
|---|---|---|---|---|---|---|---|---|---|---|---|---|
| 14 | 15 | 16 | 17 | 18 | 19 | 20 | 21 | 22 | 23 | 24 | 25 | 26 |

# CODEWORD PUZZLE 1

| 1 | 2 | 3 | 4 | 5 | 6 | 7 | 8 | 9 | 10 | 11 | 12 | 13 |
|---|---|---|---|---|---|---|---|---|----|----|----|----|
| M | L | H | Y | I | N | O | P | Q | U | D | Z | V |

| 14 | 15 | 16 | 17 | 18 | 19 | 20 | 21 | 22 | 23 | 24 | 25 | 26 |
|----|----|----|----|----|----|----|----|----|----|----|----|----|
| G | E | F | R | W | B | S | X | A | K | C | J | T |

# CODEWORD PUZZLE 2

| | C | | S | | E | | C | | D | | S | E | T | | J | | G | | D |
|---|---|---|---|---|---|---|---|---|---|---|---|---|---|---|---|---|---|---|---|
| C | O | N | T | E | M | P | O | R | A | R | Y | | O | P | E | R | A | T | E | S |
| | N | | A | | B | | M | | W | | N | | W | | S | | Z | | C |
| A | C | C | R | U | E | | P | O | N | T | O | O | N | | T | H | E | S | I | S |
| | E | | | R | | L | | | N | | | | | | B | | P |
| P | R | O | O | F | | M | E | G | A | B | Y | T | E | S | | M | O | T | H | S |
| | T | | B | | R | | X | | M | | M | | N | | R | | E |
| S | O | U | V | L | A | K | I | | B | R | O | A | D | C | A | S | T | E | R | S |
| H | | I | | C | | T | | L | | U | | | | T | | R | | A |
| E | U | R | O | | O | X | I | D | E | | S | U | S | H | I | | A | L | B | S |
| | N | | U | R | N | | E | | | | T | | O | D | D | | L |
| O | P | U | S | | T | U | S | K | S | | S | H | E | E | N | | E | V | E | R |
| | R | | L | | E | | | C | | I | | A | | A | | S | | U |
| B | O | D | Y | B | U | I | L | D | I | N | G | | M | A | L | A | M | U | T | E |
| | D | | | R | | E | | E | | H | | R | | E | | A | | A |
| Q | U | I | E | T | | C | A | R | N | A | T | I | O | N | | K | N | O | B | S |
| | C | | C | | | T | | | L | | S | | | U |
| E | T | C | H | E | D | | T | R | I | V | I | A | L | | T | O | W | E | L | S |
| | I | | O | | A | | O | | F | | O | | E | | E | | H | | A |
| A | V | O | I | D | I | N | G | | I | N | T | E | R | M | E | D | I | A | T | E |
| | E | | C | | S | | A | R | C | | A | | S | | P | | Z | | E |

| 1 | 2 | 3 | 4 | 5 | 6 | 7 | 8 | 9 | 10 | 11 | 12 | 13 |
|---|---|---|---|---|---|---|---|---|---|---|---|---|
| D | P | K | F | W | L | C | J | R | X | Y | A | S |
| **14** | **15** | **16** | **17** | **18** | **19** | **20** | **21** | **22** | **23** | **24** | **25** | **26** |
| Q | B | I | N | G | O | H | V | E | U | T | Z | M |

# CODEWORD PUZZLE 3

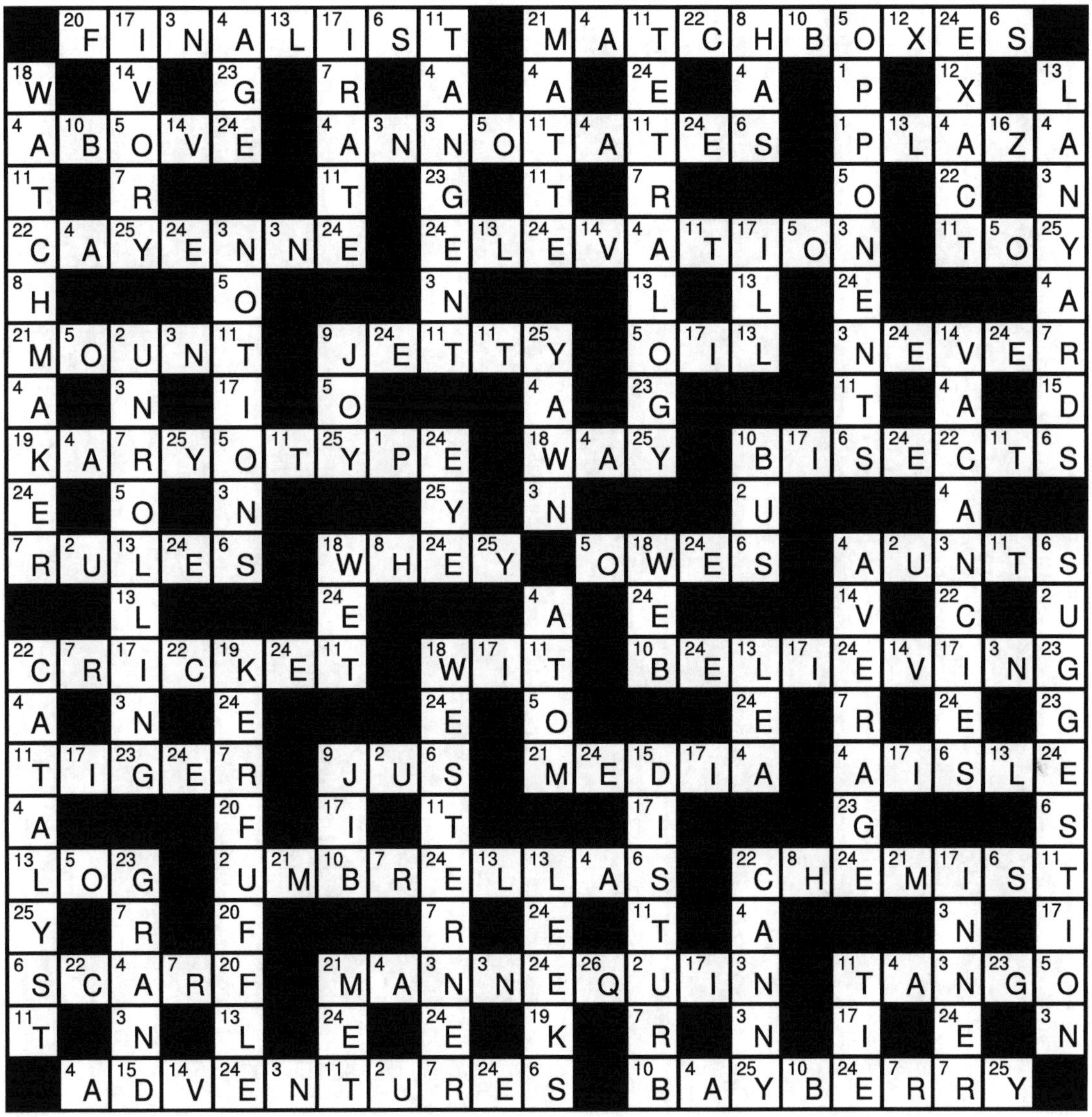

Grid answers (letters filled in):

FINALIST · MATCHBOXES
W · V · G · R · A · A · E · A · P · X · L
ABOVE · ANNOTATES · PLAZA
T · R · T · G · T · R · O · C · N
CAYENNE · ELEVATION · TOY
H · O · N · L · L · E · A
MOUNT · JETTY · OIL · NEVER
A · N · I · O · A · G · T · A · D
KARYOTYPE · WAY · BISECTS
E · O · N · Y · N · U · A
RULES · WHEY · OWES · AUNTS
L · E · A · E · V · C · U
CRICKET · WIT · BELIEVING
A · N · E · E · O · E · R · E · G
TIGER · JUS · MEDIA · AISLE
A · F · I · T · I · G · S
LOG · UMBRELLAS · CHEMIST
Y · R · F · R · E · T · A · N · I
SCARF · MANNEQUIN · TANGO
T · N · L · E · E · K · R · N · I · E · N
ADVENTURES · BAYBERRY

| 1 | 2 | 3 | 4 | 5 | 6 | 7 | 8 | 9 | 10 | 11 | 12 | 13 |
|---|---|---|---|---|---|---|---|---|----|----|----|----|
| P | U | N | A | O | S | R | H | J | B | T | X | L |

| 14 | 15 | 16 | 17 | 18 | 19 | 20 | 21 | 22 | 23 | 24 | 25 | 26 |
|----|----|----|----|----|----|----|----|----|----|----|----|----|
| V | D | Z | I | W | K | F | M | C | G | E | Y | Q |

# CODEWORD PUZZLE 4

| | 18 A | | 25 B | | 22 V | | 7 S | | | | 7 S | 21 K | 1 I | | 3 T | | 3 T | | 25 B |
|---|---|---|---|---|---|---|---|---|---|---|---|---|---|---|---|---|---|---|---|
| 18 A | 9 C | 16 Q | 12 U | 18 A | 1 I | 24 N | 3 T | 18 A | 24 N | 9 C | 4 E | | 24 N | 20 O | 9 C | 19 O | 14 M | 4 E | 5 R |
| | 9 C | | 7 S | | 7 S | | 18 A | | | 22 V | | 9 C | | 4 E | | 12 U | | 7 S | |
| 25 B | 19 O | 17 D | 8 Y | 6 G | 12 U | 18 A | 5 R | 17 D | 7 S | 4 E | 11 X | 13 H | 1 I | 23 L | 18 A | 5 R | 18 A | 3 T | 4 E |
| | 23 L | | | 18 A | | | | 19 O | | 24 N | | | | 22 V | | 24 N | | | |
| 2 P | 18 A | 5 R | 18 A | 6 G | 23 L | 1 I | 24 N | 6 G | | 23 L | 18 A | 3 T | 4 E | 5 R | 18 A | 23 L | 23 L | 8 Y | |
| | 17 D | | 15 F | | 4 E | | 6 G | | 19 O | | 7 S | | | 14 M | | 4 E | | | |
| 6 G | 4 E | 7 S | 3 T | 12 U | 5 R | 4 E | 7 S | | 7 S | 19 O | 9 C | 21 K | 7 S | | 2 P | 23 L | 4 E | 17 D | 6 G | 4 E |
| 18 A | | 4 E | | 4 E | | 7 S | | | | 4 E | | | 12 U | | 24 N | | 4 E | |
| 2 P | 18 A | 1 I | 5 R | | 18 A | 6 G | 4 E | | 18 A | 14 M | 18 A | 23 L | 6 G | 18 A | 14 M | 18 A | 3 T | 1 I | 24 N | 6 G |
| | 25 B | | | 17 D | | 5 R | | 5 R | | 24 N | | 24 N | | 2 P | | | 17 D | |
| 18 A | 7 S | 7 S | 19 O | 9 C | 1 I | 18 A | 3 T | 1 I | 19 O | 24 N | 7 S | | 19 O | 18 A | 21 K | | 26 J | 12 U | 7 S | 3 T |
| | 19 O | | 5 R | | 24 N | | 14 M | | | 9 C | | 1 I | | 19 O | | | 19 O | |
| 3 T | 5 R | 8 Y | 1 I | 24 N | 6 G | | 25 B | 23 L | 18 A | 9 C | 21 K | | 9 C | 19 O | 24 N | 22 V | 1 I | 24 N | 9 C | 4 E |
| | 25 B | | 6 G | | | 8 Y | | 7 S | | 24 N | | 13 H | | | 24 N | | 5 R | |
| 4 E | 7 S | 3 T | 1 I | 14 M | 18 A | 3 T | 4 E | 17 D | | 9 C | 1 I | 3 T | 1 I | 10 Z | 4 E | 24 N | 7 S | 13 H | 1 I | 2 P |
| | | 24 N | | 24 N | | | 2 P | | 3 T | | | 23 L | | | | 3 T | |
| 18 A | 14 M | 25 B | 18 A | 7 S | 7 S | 18 A | 17 D | 19 O | 5 R | | 7 S | 8 Y | 7 S | 3 T | 4 E | 14 M | 18 A | 3 T | 1 I | 9 C |
| | 4 E | | 3 T | | 20 W | | 12 U | | 19 O | | | 12 U | | 22 V | | 23 L | | 16 Q |
| 5 R | 4 E | 15 F | 4 E | 5 R | 4 E | 4 E | 7 S | | 12 U | 24 N | 7 S | 12 U | 9 C | 9 C | 4 E | 7 S | 7 S | 15 F | 12 U | 23 L |
| | 3 T | | 7 S | | 5 R | | 21 K | 1 I | 17 D | | | 13 H | | 24 N | | 19 O | | 4 E |

| 1 | 2 | 3 | 4 | 5 | 6 | 7 | 8 | 9 | 10 | 11 | 12 | 13 |
|---|---|---|---|---|---|---|---|---|---|---|---|---|
| I | P | T | E | R | G | S | Y | C | Z | X | U | H |
| **14** | **15** | **16** | **17** | **18** | **19** | **20** | **21** | **22** | **23** | **24** | **25** | **26** |
| M | F | Q | D | A | O | W | K | V | L | N | B | J |

# CODEWORD PUZZLE 5

| | 26 T | 23 R | 7 O | 2 M | 21 B | 7 O | 10 N | 24 E | | 4 P | 23 R | 24 E | 13 S | 19 C | 23 R | 20 I | 21 B | 24 E | 13 S |
|13 S| | 24 E | | 25 A | | 22 D | | | 24 E | | 17 L | | | 10 N | | 22 D | | | 25 A |
|26 T|18 U|17 L|20 I|4 P| |22 D|24 E|8 H|5 Y|22 D|23 R|25 A|26 T|24 E| |13 S|25 A|20 I|17 L|13 S|
|20 I| |20 I| | |17 L| |7 O| |25 A| |21 B| |16 K| |20 I| |26 T| |13 S|
|15 F|25 A|19 C|18 U|17 L|26 T|5 Y| |7 O|10 N|17 L|16 O|7 O|24 K|23 E|13 S| |13 S|8 H|24 E|
|15 F| | |20 I| | |16 K| | |23 R| | |26 T| | | |13 S|
|24 E|1 V|24 E|10 N|26 T| |13 S|20 I|13 S|25 A|17 L| |25 A|23 R|26 T| |13 S|20 I|4 P|24 E|13 S|
|10 N| |6 X| |24 E| |16 K| |7 O| |26 T| |23 R| | |24 E| |24 E|
|20 I|2 M|4 P|25 A|23 R|26 T|20 I|25 A|17 L| |7 O|3 W|24 E| |18 U|13 S|8 H|24 E|23 R|24 E|22 D|
|10 N| |17 L| |25 A| | |24 E| |16 K| | |13 S| | |4 P|
|14 G|23 R|7 O|3 W|17 L| |14 G|25 A|14 G|13 S| |12 J|24 E|13 S|26 T| |26 T|20 I|17 L|24 E|23 R|
| | |22 D| | |24 E| | |19 C| |1 V| | |25 A| |24 E| |24 E|
|19 C|17 L|20 I|2 M|25 A|26 T|24 E| |4 P|25 A|23 R| |24 E|11 Q|18 U|20 I|10 N|7 O|24 X|24 E|13 S|
|8 H| |10 N| |13 S| |25 A| |25 A| | |13 S| |14 G| |24 E| |26 T|
|24 E|25 A|14 G|24 E|23 R| |24 E|14 G|14 G| |14 G|23 R|25 A|24 E| |24 E|17 L|24 E|24 E|23 R|
|2 M| | |7 O| | |24 E| | |22 D| | |10 N| | |20 I|
|20 I|10 N|16 K| |10 N|7 O|13 S|26 T|25 A|17 L|14 G|20 I|25 A| |21 B|7 O|26 T|25 A|10 N|20 I|19 C|
|19 C| |10 N| |22 D| |24 E| |10 N| |25 A| |4 P| |25 A| |25 A| |26 T|
|25 A|14 G|20 I|17 L|24 E| |25 A|18 U|26 T|7 O|2 M|25 A|26 T|20 I|19 C| |4 P|23 R|20 I|9 Z|24 E|
|17 L| |26 T| |25 A| | |23 R| |24 E| | |7 O| |24 E| |1 V| |22 D|
| |4 P|13 S|24 E|18 U|22 D|7 O|10 N|5 Y|2 M|13 S| |4 P|25 A|10 N|19 C|25 A|16 K|24 E|13 S|

| 1 V | 2 M | 3 W | 4 P | 5 Y | 6 X | 7 O | 8 H | 9 Z | 10 N | 11 Q | 12 J | 13 S |
|---|---|---|---|---|---|---|---|---|---|---|---|---|
| **14 G** | **15 F** | **16 K** | **17 L** | **18 U** | **19 C** | **20 I** | **21 B** | **22 D** | **23 R** | **24 E** | **25 A** | **26 T** |

# CODEWORD PUZZLE 6

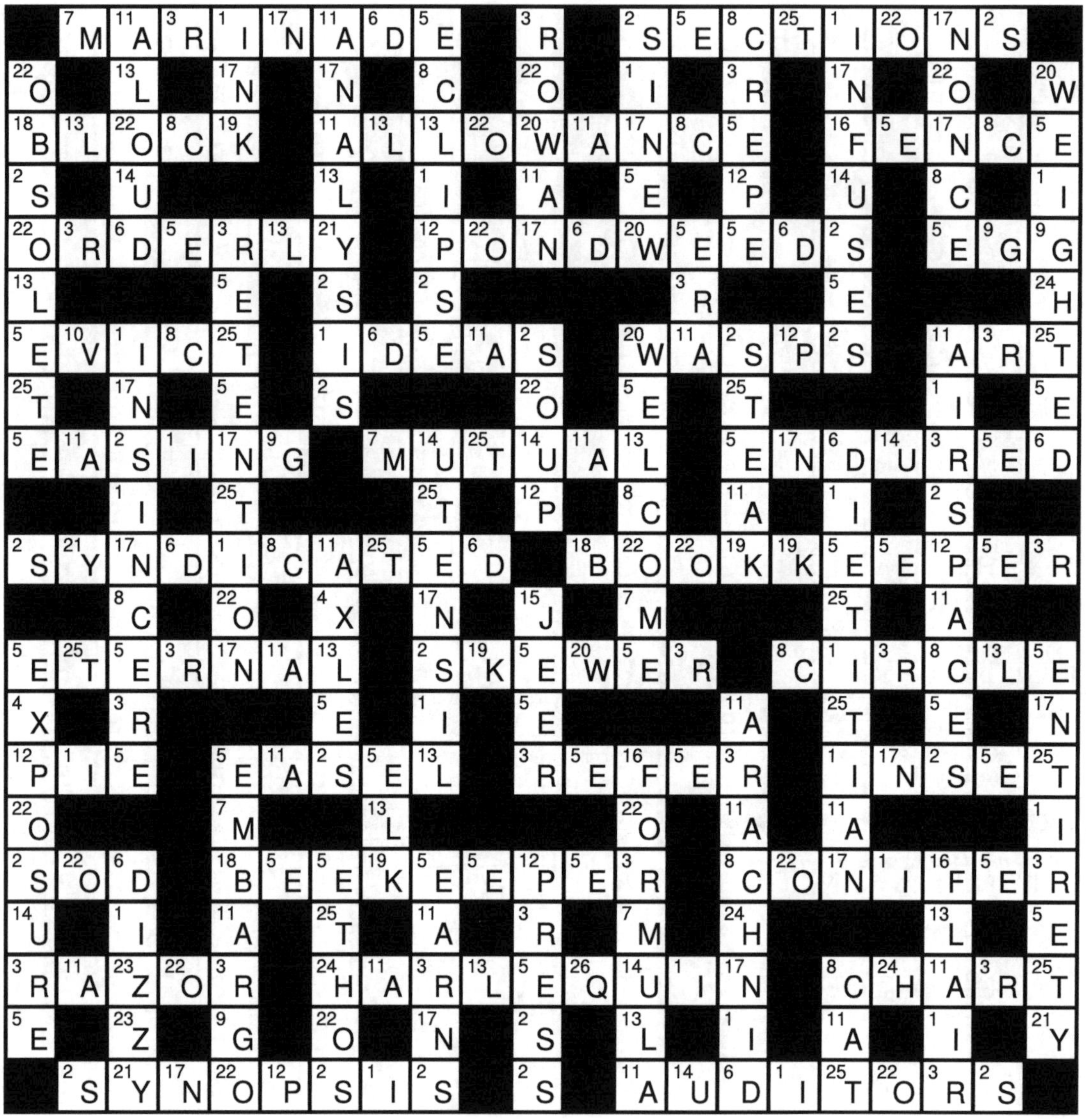

| 1 | 2 | 3 | 4 | 5 | 6 | 7 | 8 | 9 | 10 | 11 | 12 | 13 |
|---|---|---|---|---|---|---|---|---|---|---|---|---|
| I | S | R | X | E | D | M | C | G | V | A | P | L |
| 14 | 15 | 16 | 17 | 18 | 19 | 20 | 21 | 22 | 23 | 24 | 25 | 26 |
| U | J | F | N | B | K | W | Y | O | Z | H | T | Q |

# CODEWORD PUZZLE 7

| | 23 A | 26 S | 4 T | 22 E | 17 R | 1 O | 18 I | 10 D | | 5 U | 9 N | 23 A | 16 B | 17 R | 18 I | 10 D | 21 G | 22 E | 10 D | |
|---|---|---|---|---|---|---|---|---|---|---|---|---|---|---|---|---|---|---|---|---|
| 15 Q | | 20 W | | 11 Y | | 5 U | | 18 I | | 14 P | | 16 B | | 11 Y | | 23 A | | 11 Y | | 19 J |
| 5 U | | 18 I | 17 R | 22 E | | 4 T | 22 E | 24 L | 22 E | 26 S | 13 C | 1 O | 14 P | 22 E | | 7 M | 22 E | 17 R | 21 G | 22 E |
| 23 A | | 9 N | | | 13 C | | 22 E | | 22 E | | 10 D | | | 23 A | | | 18 I | | 20 W | |
| 10 D | 18 I | 21 G | 18 I | 23 A | 24 L | | 7 M | 5 U | 22 E | 17 R | 18 I | 9 N | 21 G | | | 22 E | 2 K | 22 E | |
| 17 R | | | | 22 E | | 23 A | | 7 M | | | 23 A | | | 22 E | | | | 24 L | |
| 23 A | 24 L | 16 B | 5 U | 14 P | 26 S | | 26 S | 23 A | 17 R | 4 T | | 23 A | 14 M | 4 P | | 26 S | 25 H | 23 A | 20 W | 24 L |
| 9 N | | 22 E | | 14 P | | 26 S | | 22 E | | 21 G | | 23 A | | | | 14 P | | 22 E | |
| 21 G | 5 U | 4 T | 4 T | 22 E | 17 R | | 22 E | 13 C | 24 L | 23 A | 18 I | 17 R | | 13 C | 17 R | 18 I | 26 S | 14 P | 22 E | 17 R |
| 24 L | | 17 R | | 17 R | | 25 H | | | 1 O | | 4 T | | 9 N | | 22 E | | | | | |
| 22 E | 21 G | 1 O | | 23 A | 17 R | 16 B | 1 O | 5 U | 17 R | | 1 O | 5 U | 4 T | 26 S | 22 E | 4 T | | 24 L | 23 A | 20 W |
| | 4 T | | 4 T | | 24 L | | 4 T | | | 9 N | | | | 22 E | | | 24 L | | 18 I |
| 23 A | 13 C | 25 H | 18 I | 22 E | 12 V | 22 E | | 9 N | 1 O | 16 B | 1 O | 10 D | 11 Y | | 1 O | 17 R | 10 D | 23 A | 18 I | 9 N |
| 13 C | | 23 A | | | 23 A | | 22 E | | 5 U | | | 18 I | | 12 V | | 4 T | | 10 D |
| 4 T | 23 A | 24 L | 22 E | 26 S | | 2 K | 22 E | 11 Y | | 21 G | 24 L | 22 E | 23 A | 7 M | | 18 I | 10 D | 22 E | 23 A | 26 S |
| 18 I | | | 13 C | | 16 B | | | 10 D | | 23 A | | 22 E | | | | 13 C |
| 9 N | 5 U | 4 T | | 25 H | 23 A | 17 R | 16 B | 1 O | 5 U | 17 R | 22 E | 10 D | | 21 G | 23 A | 20 W | 2 K | 18 I | 22 E | 17 R |
| 18 I | | 1 O | | 22 E | | 8 F | | 23 A | | 11 Y | | 18 I | | | | 17 R | | 22 E |
| 5 U | 14 P | 14 P | 22 E | 17 R | | 22 E | 6 X | 4 T | 22 E | 26 S | 18 I | 1 O | 9 N | | 22 E | 17 R | 23 A | | 22 E |
| 7 M | | 18 I | | 3 Z | | 9 N | | 22 E | | 21 G | | 9 N | | 22 E | | 7 M | | 4 T | | 9 N |
| | 23 A | 13 C | 13 C | 1 O | 17 R | 10 D | 23 A | 9 N | 13 C | 22 E | | 21 G | 22 E | 26 S | 4 T | 22 E | 17 R | 22 E | 26 S | |

| 1 O | 2 K | 3 Z | 4 T | 5 U | 6 X | 7 M | 8 F | 9 N | 10 D | 11 Y | 12 V | 13 C |
|---|---|---|---|---|---|---|---|---|---|---|---|---|
| 14 P | 15 Q | 16 B | 17 R | 18 I | 19 J | 20 W | 21 G | 22 E | 23 A | 24 L | 25 H | 26 S |

# CODEWORD PUZZLE 8

| 13 A | 23 D | 12 V | 9 E | 18 R | 5 T | 15 I | 17 S | 9 E | | 13 A | 18 R | 13 A | 22 B | 9 E | 17 S | 10 Q | 26 U | 9 E |
|---|---|---|---|---|---|---|---|---|---|---|---|---|---|---|---|---|---|---|
| 17 S | | 9 E | | 7 L | | 2 H | | 11 W | | 15 I | | 9 E | | 13 A | | 13 A | 20 N | | 21 G |
| 3 P | 14 O | 7 L | 4 K | 13 A | | 9 E | 20 N | 9 E | 18 R | 21 G | 9 E | 5 T | 15 I | 1 C | | 26 U | 5 T | 5 T | 9 E | 18 R |
| 9 E | | 5 T | | 3 P | | 14 O | | 9 E | | 20 N | | 18 R | | 4 K | | 20 N | | 15 I | | 13 A |
| 1 C | 7 L | 13 A | 26 U | 17 S | 5 T | 18 R | 14 O | 3 P | 2 H | 14 O | 22 B | 15 I | 13 A | | 22 B | 13 A | 7 L | 7 L | 9 E | 5 T |
| 15 I | | | | 9 E | | 8 Y | | | 18 R | | 9 E | | | 15 I | | 9 E | | | 15 I |
| 24 F | 7 L | 15 I | 3 P | | | 22 B | 15 I | 12 V | 13 A | 7 L | 12 V | 9 E | | 22 B | 18 R | 15 I | 21 G | 2 H | 5 T |
| 15 I | | 20 N | | 11 W | | 22 B | | 20 N | | 20 N | | 9 E | | 23 D | | 9 E | | 13 A | 26 U |
| 9 E | 6 X | 10 Q | 26 U | 15 I | 17 S | 15 I | 5 T | 9 E | | 1 C | 13 A | 17 S | 5 T | 9 E | | 17 S | 15 I | 25 Z | 9 E | 23 D |
| 23 D | | 26 U | | 20 N | | 17 S | | 3 P | | 9 E | | | 17 S | | 9 E | | 9 E | | 9 E |
| | 12 V | 15 I | 20 N | 23 D | 15 I | 1 C | 13 A | 5 T | 9 E | | 13 A | 24 F | 5 T | 9 E | 18 R | 16 M | 13 A | 5 T | 2 H |
| 1 C | | 18 R | | 16 M | | 26 U | | | 1 C | | 13 A | | 18 R | | 22 B | | 5 T | | 14 O |
| 13 A | 7 L | 15 I | 22 B | 15 I | | 15 I | 20 N | 1 C | 26 U | 18 R | | 18 R | 15 I | 12 V | 13 A | 7 L | 18 R | 15 I | 9 E | 17 S |
| 23 D | | 20 N | | 7 L | | 5 T | | 13 A | | 13 A | | 9 E | | 9 E | | 9 E | | 20 N | | 17 S |
| 9 E | 20 N | 21 G | 26 U | 7 L | 24 F | | 13 A | 3 P | 5 T | 20 N | 9 E | 17 S | 17 S | | | 26 U | 21 G | 7 L | 15 I |
| 5 T | | | 17 S | | 9 E | | 5 T | | 22 B | | | 19 J | | 21 G | | | 24 F |
| 17 S | 1 C | 18 R | 9 E | 9 E | 20 N | | 1 C | 15 I | 20 N | 9 E | 16 M | 13 A | 5 T | 14 O | 21 G | 18 R | 13 A | 3 P | 2 H | 8 Y |
| 2 H | | 26 U | | 20 N | | 1 C | | 12 V | | 18 R | | 20 N | | 4 K | | 15 I | | 13 A | | 15 I |
| 15 I | 20 N | 20 N | 9 E | 18 R | | 18 R | 9 E | 13 A | 18 R | 18 R | 13 A | 20 N | 21 G | 9 E | | 7 L | 15 I | 20 N | 9 E | 20 N |
| 3 P | | 20 N | | 14 O | | 13 A | | 5 T | | 8 Y | | 9 E | | 18 R | | 17 S | | 15 I | | 21 G |
| | 17 S | 8 Y | 7 L | 7 L | 13 A | 22 B | 9 E | 17 S | | 9 E | 6 X | 15 I | 17 S | 5 T | 9 E | 20 N | 1 C | 9 E |

| 1 C | 2 H | 3 P | 4 K | 5 T | 6 X | 7 L | 8 Y | 9 E | 10 Q | 11 W | 12 V | 13 A |
|---|---|---|---|---|---|---|---|---|---|---|---|---|
| **14 O** | **15 I** | **16 M** | **17 S** | **18 R** | **19 J** | **20 N** | **21 G** | **22 B** | **23 D** | **24 F** | **25 Z** | **26 U** |

# CODEWORD PUZZLE 9

| 15 M | 1 O | 14 N | 1 O | 4 L | | 16 O | 24 U | 13 G | 18 U | 21 E | | 18 S | 21 C | 12 H | 1 O | 4 L | 17 A | 3 R | 4 L | 25 Y |
| 13 E | | 21 C | | 21 C | | 21 C | | 18 S | | 2 D | | 1 O | | 6 B | | 21 C | | 5 I | | 13 E |
| 21 C | 25 Y | 21 C | 4 L | 13 E | | 12 H | 13 E | 17 A | 5 D | 14 I | 16 N | 13 G | | 13 E | 19 X | 21 C | 5 I | 11 T | 13 E | 2 D |
| 1 O | | 24 U | | 17 A | 5 I | 3 R | | 16 G | | 18 S | | 14 N | | 25 Y | | 1 O | | 3 R | | 5 I |
| 18 S | 5 I | 3 R | 13 E | 14 N | | 13 E | 4 L | 13 E | 21 C | 11 T | 3 R | 5 I | 21 C | | 21 C | 24 U | 11 T | 13 E | 18 S | 11 T |
| 25 Y | | | 18 S | | | 5 I | | | 3 R | | 11 T | | | 14 N | | | | | 1 O |
| 18 S | 17 A | 14 N | 2 D | | 2 D | 13 E | 4 L | 13 E | 21 C | 5 I | 11 T | | 13 E | 11 T | 21 C | 12 H | 13 E | 3 R |
| 11 T | | 14 A | | 13 E | | 3 R | | 17 A | | 21 C | | 1 O | | 21 C | | 17 A | | 17 A | | 3 R | 5 I |
| 13 E | 14 N | 3 R | 5 I | 21 C | 12 H | 5 I | 14 N | 16 G | | 11 T | 17 A | 14 N | 16 G | 1 O | | 6 B | 17 A | 4 L | 18 S | 17 A |
| 15 M | | 3 R | | 21 C | | 20 V | | 4 L | | 18 S | | | 11 T | 24 U | 5 I | | 4 L | | 4 L |
| | 21 C | 17 A | 3 R | 13 E | | 17 A | 14 N | 13 E | 22 W | | 10 Q | 24 U | 5 I | 11 T | | 4 L | 17 A | 15 M | 26 P |
| 13 E | | 11 T | | 14 N | 5 I | 4 L | | 13 E | | 18 S | | 1 O | | 5 I | | 17 A | | | 21 C |
| 2 D | 3 R | 5 I | 8 F | 11 T | | 3 R | 13 E | 17 A | 2 D | 18 S | | 24 U | 14 N | 14 N | 17 A | 11 T | 24 U | 3 R | 17 A | 4 L |
| 24 U | | 20 V | | 3 R | | 25 Y | | 20 V | | 21 C | | 17 A | | 18 S | | 25 Y | | 9 K | | 17 A |
| 21 C | 3 R | 13 E | 2 D | 5 I | 11 T | | 21 C | 17 A | 26 P | 17 A | 6 B | 4 L | 13 E | | | 17 A | 18 S | 9 K | 18 S |
| 17 A | | | 21 C | | | 4 L | | 4 L | | 20 V | | | 21 C | | | | | | 18 S |
| 11 T | 3 R | 17 A | 16 G | 5 I | 21 C | | 6 B | 17 A | 4 L | 17 A | 14 N | 21 C | 13 E | 2 D | | 3 R | 13 E | 8 F | 13 E | 3 R |
| 5 I | | 14 N | | 11 T | | 7 J | | 14 N | | 11 T | | 24 U | | 17 A | 21 C | 13 E | | 13 E | | 1 O |
| 1 O | 24 U | 11 T | 18 S | 5 I | 23 Z | 13 E | | 21 C | 12 H | 13 E | 20 V | 3 R | 1 O | 14 N | | 17 A | 15 M | 5 I | 14 N | 1 O |
| 14 N | | 3 R | | 13 E | | 4 L | | 12 H | | 18 S | | 4 L | | 21 C | | 9 K | | 16 G | | 15 M |
| | 11 T | 17 A | 18 S | 18 S | 13 E | 4 L | 4 L | 13 E | 2 D | | 17 A | 18 S | 18 S | 13 E | 18 S | 18 S | 5 I | 14 N | 16 G |

| 1 | 2 | 3 | 4 | 5 | 6 | 7 | 8 | 9 | 10 | 11 | 12 | 13 |
|---|---|---|---|---|---|---|---|---|----|----|----|----|
| O | D | R | L | I | B | J | F | K | Q | T | H | E |

| 14 | 15 | 16 | 17 | 18 | 19 | 20 | 21 | 22 | 23 | 24 | 25 | 26 |
|----|----|----|----|----|----|----|----|----|----|----|----|----|
| N | M | G | A | S | X | V | C | W | Z | U | Y | P |

61

# CODEWORD PUZZLE 10

| | 20 A | | 20 A | | 20 A | | 5 P | | 11 F | | | | 15 R | | 5 P | | 17 C | | 20 A |
|---|---|---|---|---|---|---|---|---|---|---|---|---|---|---|---|---|---|---|---|---|

A codeword grid with the following answers filled in:

SMOKESCREEN — SAXOPHONE
B · I · P · E · A · S · T · I · I · T
QUENCH — DETOURING — LAIR
L · A · E · B · O · N · L · Q
CALCULATOR — CONTAGIOUS
N · A · T · E · E · O · A · N · I
OCCUPIER — PANEL — TWENTY
E · T · N · M · E · S · L · L · I
LINGUISTIC — LAY — EVEN
B · O · N · I · I · U · C · S
JOIN — BYE — THOUSANDTH
Y · E · Y · I · U · C · U · O · V
ASIDES — CAVES — IMMERSED
E · T · R · E · L · O · I · A · G
ANNOTATION — YOURSELVES
B · P · N · N · E · S · M · T
ZEST — DIGESTION — ABROAD
R · I · E · I · S · O · E · T · E · B
PROCURING — INESTIMABLE
Y · S · S · G · S · S · C · D · E

## Key

| 1 | 2 | 3 | 4 | 5 | 6 | 7 | 8 | 9 | 10 | 11 | 12 | 13 |
|---|---|---|---|---|---|---|---|---|---|---|---|---|
| X | I | J | V | P | W | M | Z | H | E | F | S | N |

| 14 | 15 | 16 | 17 | 18 | 19 | 20 | 21 | 22 | 23 | 24 | 25 | 26 |
|---|---|---|---|---|---|---|---|---|---|---|---|---|
| O | R | B | C | Y | U | A | Q | T | L | K | G | D |

# CODEWORD PUZZLE 11

| 1 J | 2 N | 3 K | 4 M | 5 Y | 6 F | 7 S | 8 C | 9 O | 10 B | 11 A | 12 U | 13 W |
|-----|-----|-----|-----|-----|-----|-----|-----|-----|------|------|------|------|
| 14 H | 15 R | 16 L | 17 T | 18 Q | 19 P | 20 V | 21 D | 22 Z | 23 X | 24 G | 25 I | 26 E |

# CODEWORD PUZZLE 12

|   |   |   |   |   |   |   |   |   |   |   |   |   |   |   |   |
|---|---|---|---|---|---|---|---|---|---|---|---|---|---|---|---|
| | S | Q | U | A | D | R | O | N | | E | N | C | A | S | E | M | E | N | T |

Grid answers:
SQUADRON · ENCASEMENT
CUR · ROW · WE · IL · L
ALERT · OPPORTUNE · MOCHA · A
RU · S · K · O · R · L · O · H · R
ELEMENT · IRREGULAR · ELK
L · A · N · E · A · S
EAGER · LISTS · S · TEA · BLIMP
S · R · N · E · E · T · I · L · M · U
STATISTIC · EVE · SLEEPER
L · D · N · A · D · L · R
YOUNG · ZANY · JADE · SUEDE
A · O · H · I · T · S · N
MELANIN · FEE · REHEARSAL
E · L · O · E · R · A · A · P · E · I
ABYSS · SKI · RESET · LODES
T · T · C · I · E · T
BAR · APPEALING · ERRATUM
A · A · L · E · S · N · N · X · H · E
LYING · ASSISTANT · GROWN
L · T · I · K · E · E · G · R · A · R · T
HARASSMENT · ELAPSING

| 1 | 2 | 3 | 4 | 5 | 6 | 7 | 8 | 9 | 10 | 11 | 12 | 13 |
|---|---|---|---|---|---|---|---|---|---|---|---|---|
| B | P | W | R | L | T | A | E | V | H | Z | N | O |

| 14 | 15 | 16 | 17 | 18 | 19 | 20 | 21 | 22 | 23 | 24 | 25 | 26 |
|----|----|----|----|----|----|----|----|----|----|----|----|----|
| X | D | Q | J | F | U | G | K | I | S | Y | C | M |

# CODEWORD PUZZLE 13

| | 12 C | | 3 A | 9 S | 5 H | | 3 A | | 11 K | | 22 D | 1 I | 7 M | | 20 J | | 25 F | | 18 R |
|---|---|---|---|---|---|---|---|---|---|---|---|---|---|---|---|---|---|---|---|
| 12 C | 14 U | 18 R | 22 D | | 3 A | 23 B | 9 S | 8 E | 26 N | 12 C | 8 E | | 13 O | 13 O | 26 N | 1 I | 9 S | 8 E | 9 S |
| | 9 S | | 6 Z | | 9 S | | 10 T | | 1 I | | 25 F | | 26 N | | 14 U | | 26 N | | 12 C |
| 9 S | 10 T | 18 R | 8 E | 8 E | 10 T | | 18 R | 13 O | 10 T | 3 A | 10 T | 1 I | 13 O | 26 N | 9 S | | 3 A | 12 C | 5 H | 8 E |
| | 13 O | | | 24 Y | | 13 O | | | 18 R | | | 18 R | | 10 T | | 4 L | | 3 A | |
| 8 E | 7 M | 19 P | 10 T | 24 Y | | 8 E | 10 T | 8 E | 12 C | 10 T | 13 O | 3 A | 4 L | | 19 P | 8 E | 8 E | 18 R | 9 S |
| | 8 E | | 18 R | | 23 B | | 13 O | | 3 A | | 3 A | | 1 I | | 8 E | | | 16 G |
| 12 C | 18 R | 8 E | 3 A | 10 T | 1 I | 26 N | 16 G | | 19 P | 8 E | 18 R | 19 P | 4 L | 8 E | 17 X | 1 I | 10 T | 1 I | 8 E | 9 S |
| | | 12 C | | 4 L | | 1 I | | 8 E | | 8 E | | | 19 P | | 18 R | | 3 A | |
| 2 W | 13 O | 18 R | 11 K | 19 P | 4 L | 3 A | 12 C | 8 E | 9 S | | 22 D | 14 U | 12 C | 3 A | 4 L | | 3 A | 4 L | 23 B | 9 S |
| | 12 C | | 9 S | | 23 B | | 3 A | | | 5 H | | 13 O | | 19 P | | 4 L | |
| 7 M | 8 E | 26 N | 14 U | | 13 O | 2 W | 4 L | 8 E | 10 T | | 21 Q | 14 U | 12 C | 3 A | 4 L | 22 D | 18 R | 14 U | 19 P | 4 L | 8 E | 9 S |
| | 3 A | | 1 I | | 3 A | | | 18 R | | 14 U | | 7 M | | 8 E | | 1 I | |
| 14 U | 26 N | 3 A | 10 T | 10 T | 18 R | 3 A | 12 C | 10 T | 1 I | 15 V | 8 E | | 19 P | 3 A | 18 R | 9 S | 26 N | 1 I | 19 P | 9 S |
| | 13 O | | | 22 D | | 1 I | | 23 B | | 9 S | | 1 I | | 9 S | | 16 G | | 18 R | |
| 3 A | 16 G | 8 E | 26 N | 10 T | | 3 A | 10 T | 10 T | 8 E | 26 N | 10 T | 1 I | 13 O | 26 N | | 14 U | 9 S | 5 H | 8 E | 18 R |
| | 18 R | | 1 I | | 23 B | | 3 A | | 13 O | | 26 N | | 25 F | | | 9 S | |
| 25 F | 3 A | 22 D | 8 E | | 4 L | 14 U | 22 D | 1 I | 12 C | 18 R | 13 O | 14 U | 9 S | | 18 R | 13 O | 23 B | 14 U | 9 S | 10 T |
| | 19 P | | 12 C | | 14 U | | 8 E | | 18 R | | 17 X | | 5 H | | 13 O | | 3 A | | 14 U |
| 12 C | 5 H | 8 E | 8 E | 18 R | 25 F | 14 U | 4 L | | 13 O | 19 P | 8 E | 26 N | 1 I | 26 N | 16 G | | 23 B | 3 A | 18 R | 11 K |
| | 24 Y | | 9 S | | 25 F | | 9 S | 13 O | 2 W | | 26 N | | 19 P | | 9 S | 13 O | 24 Y | | 8 E |

| 1 | 2 | 3 | 4 | 5 | 6 | 7 | 8 | 9 | 10 | 11 | 12 | 13 |
|---|---|---|---|---|---|---|---|---|---|---|---|---|
| I | W | A | L | H | Z | M | E | S | T | K | C | O |

| 14 | 15 | 16 | 17 | 18 | 19 | 20 | 21 | 22 | 23 | 24 | 25 | 26 |
|---|---|---|---|---|---|---|---|---|---|---|---|---|
| U | V | G | X | R | P | J | Q | D | B | Y | F | N |

# CODEWORD PUZZLE 14

| 21 A | | 6 V | | 21 A | | 22 I | | 25 E | | 20 D | | 10 P | | 3 S | | 3 S | | 22 I |
|---|---|---|---|---|---|---|---|---|---|---|---|---|---|---|---|---|---|---|---|
| 22 I | 18 M | 10 P | 25 E | 11 R | 3 S | 4 O | 13 N | 21 A | 4 T | 2 O | 11 R | | 24 L | 22 I | 18 M | 22 I | 2 T | 22 I | 13 N | 12 G |
| | 19 U | | 2 T | | 3 S | | 2 T | | 19 U | | 19 U | | 21 A | | 4 O | | 21 A | | 25 E | |
| 21 A | 24 L | 16 C | 4 O | 6 V | 25 E | | 25 E | 13 N | 22 I | 12 G | 18 M | 21 A | 4 T | 22 I | 16 C | | 2 T | 25 E | 9 X | 2 T |
| | 25 E | | | | 2 T | | 11 R | | | 3 S | | 26 F | | 1 K | | 19 U | | 10 P | |
| 3 S | 2 T | 19 U | 20 D | 8 Y | | 22 I | 18 M | 22 I | 2 T | 21 A | 2 T | 22 I | 4 O | 13 N | | 7 J | 25 E | 24 L | 24 L | 8 Y |
| 22 I | | 4 O | | 13 N | | 22 I | | 23 H | | 22 I | | 11 R | | 11 R | | | 22 I | |
| 3 S | 25 E | 21 A | 18 M | 24 L | 25 E | 3 S | 3 S | | 22 I | 13 N | 16 C | 4 O | 18 M | 10 P | 25 E | 2 T | 25 E | 13 N | 16 C | 8 Y |
| 21 A | | 22 I | | 19 U | | 3 S | | 13 N | | 1 K | | | 22 I | | 13 N | | 21 A |
| 24 L | 25 E | 21 A | 13 N | | 11 R | 19 U | 22 I | 13 N | 12 G | | 3 S | 22 I | 11 R | 25 E | 13 N | | 2 T | 19 U | 15 B | 25 E |
| | 16 C | | 21 A | 20 D | 4 O | | 4 O | | | | 25 E | | 20 D | 19 U | 25 E | | 24 L |
| 16 C | 4 O | 3 S | 2 T | | 24 L | 22 I | 13 N | 25 E | 13 N | | 6 V | 21 A | 24 L | 19 U | 25 E | | 11 R | 25 E | 25 E | 20 D |
| | 13 N | | 25 E | | 4 O | | 22 I | | 22 I | | 21 A | | 25 E | | 2 T | | 25 E |
| 16 C | 4 O | 13 N | 3 S | 22 I | 12 G | 13 N | 18 M | 25 E | 13 N | 2 T | 3 S | | 2 T | 25 E | 11 R | 11 R | 21 A | 16 C | 25 E | 3 S |
| | 18 M | | | 8 Y | | 25 E | | 25 E | | 22 I | | 22 I | | 3 S | | 22 I | | 1 K |
| 11 R | 22 I | 6 V | 25 E | 11 R | | 10 P | 21 A | 11 R | 2 T | 22 I | 2 T | 22 I | 4 O | 13 N | | 1 K | 13 N | 25 E | 25 E | 3 S |
| | 16 C | | 13 N | | 3 S | | 3 S | | 25 E | | | 13 N | | 25 E | | | 20 D |
| 12 G | 21 A | 14 Z | 25 E | | 16 C | 21 A | 25 E | 3 S | 25 E | 5 W | 21 A | 8 Y | 3 S | | 24 L | 22 I | 17 Q | 19 U | 22 I | 20 D |
| | 24 L | | 11 R | | 4 O | | 11 R | | 13 N | | 10 P | | 23 H | | 15 B | | 19 U | | 15 B |
| 26 F | 24 L | 21 A | 12 G | 10 P | 4 O | 24 L | 25 E | | 2 T | 25 E | 3 S | 2 T | 22 I | 18 M | 4 O | 13 N | 22 I | 21 A | 24 L | 3 S |
| | 8 Y | | 8 Y | | 10 P | | 20 D | | 23 H | | 25 E | | 10 P | | 5 W | | 14 Z | | 25 E |

| 1 | 2 | 3 | 4 | 5 | 6 | 7 | 8 | 9 | 10 | 11 | 12 | 13 |
|---|---|---|---|---|---|---|---|---|---|---|---|---|
| K | T | S | O | W | V | J | Y | X | P | R | G | N |

| 14 | 15 | 16 | 17 | 18 | 19 | 20 | 21 | 22 | 23 | 24 | 25 | 26 |
|---|---|---|---|---|---|---|---|---|---|---|---|---|
| Z | B | C | Q | M | U | D | A | I | H | L | E | F |

# CODEWORD PUZZLE 15

| 1 | 2 | 3 | 4 | 5 | 6 | 7 | 8 | 9 | 10 | 11 | 12 | 13 |
|---|---|---|---|---|---|---|---|---|----|----|----|----|
| Y | X | B | L | H | Q | S | D | I | N | T | O | V |

| 14 | 15 | 16 | 17 | 18 | 19 | 20 | 21 | 22 | 23 | 24 | 25 | 26 |
|----|----|----|----|----|----|----|----|----|----|----|----|----|
| A | E | R | W | P | J | F | M | U | C | G | K | Z |

# CODEWORD PUZZLE 16

| | | | | | | | | | | | | | | | | | | | |
|---|---|---|---|---|---|---|---|---|---|---|---|---|---|---|---|---|---|---|---|
| | J | U | N | C | T | I | O | N | | C | A | M | O | U | F | L | A | G | E |
| S | | S | | O | | R | | E | | O | | A | | N | | A | | O | D |
| T | R | U | S | T | | A | M | P | L | I | F | I | E | D | | N | E | R | V | E |
| A | | A | | | T | | H | | N | | N | | E | | D | | G | | V |
| B | O | L | O | G | N | E | S | E | | S | A | T | I | R | E | S | | E | G | O |
| I | | | A | | | W | | | A | | | | L | | | T |
| L | A | M | P | S | | S | U | S | H | I | | I | M | P | | I | M | A | G | E |
| I | | E | | E | | K | | N | | N | | A | | D | | B | | E |
| S | E | A | S | O | N | I | N | G | | C | O | S | | C | R | E | D | I | T | S |
| E | | S | | U | | | E | | H | | | K | | | | L |
| D | R | U | M | S | | A | R | M | Y | | A | P | E | S | | Q | U | I | L | L |
| | | R | | | R | | | T | | E | | | | U | | T | | E |
| D | R | I | Z | Z | L | E | | B | Y | E | | A | E | R | I | A | L | I | S | T |
| E | | N | | I | | A | | A | | X | | | O | | L | | E | | T |
| S | U | G | A | R | | S | O | L | | T | H | R | O | W | | I | S | S | U | E |
| C | | | C | | | A | | | | E | | | | F | | | | R |
| R | A | G | | O | F | F | I | C | E | R | | J | E | L | L | Y | F | I | S | H |
| I | | R | | N | | R | | L | | O | | A | | | R | | E |
| B | L | I | N | I | | O | R | A | T | O | R | I | O | S | | A | R | O | M | A |
| E | | L | | U | | W | | V | | M | | C | | E | | W | | N | D |
| | E | L | E | M | E | N | T | A | R | Y | | E | E | R | I | N | E | S | S |

| 1 | 2 | 3 | 4 | 5 | 6 | 7 | 8 | 9 | 10 | 11 | 12 | 13 |
|---|---|---|---|---|---|---|---|---|---|---|---|---|
| M | Q | L | H | O | A | T | C | U | X | R | Y | B |

| 14 | 15 | 16 | 17 | 18 | 19 | 20 | 21 | 22 | 23 | 24 | 25 | 26 |
|---|---|---|---|---|---|---|---|---|---|---|---|---|
| W | F | E | V | G | J | Z | K | N | D | S | I | P |

# CODEWORD PUZZLE 17

| 1 P | 2 J | 3 U | 4 B | 5 T | 6 K | 7 Z | 8 E | 9 W | 10 Q | 11 G | 12 C | 13 S |
|---|---|---|---|---|---|---|---|---|---|---|---|---|
| 14 V | 15 O | 16 Y | 17 H | 18 I | 19 F | 20 M | 21 A | 22 D | 23 L | 24 R | 25 N | 26 X |

# CODEWORD PUZZLE 18

| | 17 P | | 26 J | | 11 E | | 4 M | | 5 H | | | | 16 D | | 17 P | | 18 S | | 2 T | |
|---|---|---|---|---|---|---|---|---|---|---|---|---|---|---|---|---|---|---|---|---|---|
| 19 I | 8 L | 8 L | 18 U | 2 S | 13 T | 20 R | 2 A | 6 T | 13 O | R | | 16 D | 19 I | 18 S | 13 R | 1 U | 17 P | 2 T | 11 E | 16 D |

ILLUSTRATOR DISRUPTED

GAZEBO NURSERIES ROSE

NUNCIO FUN TRISECTION

CELERIAC NEIGHBOURING

MULTINATIONALS CRUX

WEIR PREOCCUPATIONS

PREDICAMENTS GIMMICKS

CEREMONIAL SUM THEORY

EDDO INDIGNANT REDUCE

ANTHELION MAYORALTIES

| 1 U | 2 T | 3 Q | 4 M | 5 H | 6 O | 7 N | 8 L | 9 X | 10 C | 11 E | 12 G | 13 R |
|---|---|---|---|---|---|---|---|---|---|---|---|---|
| 14 Z | 15 Y | 16 D | 17 P | 18 S | 19 I | 20 A | 21 W | 22 K | 23 F | 24 B | 25 V | 26 J |

# CODEWORD PUZZLE 19

Grid answers include:

AIRBRUSH, CANNELLONI, PROBE, ILLUSIONS, UNCLE, RESIDENCE, SKILLED, EEL, VASES, TASTY, HAY, YEARN, TECHNICAL, ARC, ABSORBS, COMBE, EXIT, FOOT, BEVEL, FORESEE, DUO, LACQUERED, BASIC, TOY, SUPER, RASPS, OUR, LATERAL, UNDERLINE, IGLOO, PLAUSIBLE, ADEPT, BRIEFCASES, RESEMBLE

| 1 | 2 | 3 | 4 | 5 | 6 | 7 | 8 | 9 | 10 | 11 | 12 | 13 |
|---|---|---|---|---|---|---|---|---|----|----|----|----|
| E | S | W | Q | C | I | N | T | K | Z | Y | O | X |

| 14 | 15 | 16 | 17 | 18 | 19 | 20 | 21 | 22 | 23 | 24 | 25 | 26 |
|----|----|----|----|----|----|----|----|----|----|----|----|----|
| P | G | U | H | M | R | F | J | D | A | B | L | V |

# CODEWORD PUZZLE 20

IGNITION | WED | STROKE
I | ON | S U | H I | U | E N | B
THINK | SUCCESSES | S | VIOLA
A | N | U | L | R | G | H | I | T | L
LUGGAGE | EXECUTIVE | SUM
I | N | U | I | W | I
COMET | LASER | SEA | EVADE
I | O | L | E | A | E | M | R | L | S
SQUEEZING | ROD | BASSIST
E | N | R | E | E | L | G
DATES | CITY | JADE | BENCH
A | A | B | S | A | M | A
QUIVERS | PIE | SUNSCREEN
U | N | X | T | O | E | O | K | N | D
INSET | EAT | FADED | LOTUS
N | R | P | I | O | H
CUE | ORATORIOS | REGATTA
U | R | V | P | U | D | A | I | W | K
NURSE | PERCEIVED | SIEVE
X | O | R | L | R | A | O | G | H | E | S
WRITHE | ILL | WEEKENDS

| 1 | 2 | 3 | 4 | 5 | 6 | 7 | 8 | 9 | 10 | 11 | 12 | 13 |
|---|---|---|---|---|---|---|---|---|----|----|----|----|
| F | Y | M | S | R | V | E | A | Z | W | K | D | Q |

| 14 | 15 | 16 | 17 | 18 | 19 | 20 | 21 | 22 | 23 | 24 | 25 | 26 |
|----|----|----|----|----|----|----|----|----|----|----|----|----|
| C | G | J | L | X | P | N | H | U | T | O | I | B |

# CODEWORD PUZZLE 21

| | A | | C | | S | | E | | S | | H | A | M | | O | | A | | K |
|---|---|---|---|---|---|---|---|---|---|---|---|---|---|---|---|---|---|---|---|
| A | R | C | H | I | T | E | C | T | U | R | E | | I | M | B | E | D | D | E | D |
| | T | | E | | A | | H | | B | | R | | S | | I | | M | | P |
| D | I | F | F | U | S | I | O | N | S | | B | E | S | E | T | | I | O | T | A |
| | S | | I | | | | T | | | | I | | E | | R | | | | N |
| S | T | A | T | I | S | T | I | C | A | L | | O | V | E | R | R | A | T | E | D |
| | R | | I | | N | | N | | C | | E | | | | T | | | X |
| S | Y | M | B | O | L | I | S | A | T | I | O | N | S | | O | L | I | V | E | S |
| U | | | I | | I | | I | | N | | | N | | O | | R |
| M | A | L | A | P | R | O | P | | A | F | F | E | C | T | S | | N | O | T | E |
| Z | | | E | | I | | T | | I | | H | | E | | | E |
| Q | U | I | P | | J | U | D | G | I | N | G | | A | T | T | I | T | U | D | E |
| R | | H | I | | | O | | U | | R | | | | R | | | E |
| T | I | M | I | N | G | | C | O | N | G | R | E | G | A | T | I | O | N | A | L |
| T | | L | | | Y | | S | | A | | E | | | | U | | N |
| A | E | R | O | S | P | A | C | E | | A | T | T | R | I | B | U | T | I | N | G |
| G | | S | | A | | L | | | I | | | | L | | | O |
| E | U | R | O | | S | W | A | Y | S | | O | U | T | R | A | G | E | O | U | S |
| S | | P | | T | | M | | I | | N | | E | | Z | | V | | N |
| R | E | C | H | A | R | G | E | | T | R | A | N | S | F | E | R | E | N | C | E |
| S | | Y | | Y | | N | E | E | | L | | T | | R | | N | | E |

| 1 | 2 | 3 | 4 | 5 | 6 | 7 | 8 | 9 | 10 | 11 | 12 | 13 |
|---|---|---|---|---|---|---|---|---|---|---|---|---|
| K | L | A | U | S | X | P | N | M | E | I | R | C |
| **14** | **15** | **16** | **17** | **18** | **19** | **20** | **21** | **22** | **23** | **24** | **25** | **26** |
| G | H | D | Y | Z | F | O | V | T | Q | B | W | J |

# CODEWORD PUZZLE 22

| 1 | 2 | 3 | 4 | 5 | 6 | 7 | 8 | 9 | 10 | 11 | 12 | 13 |
|---|---|---|---|---|---|---|---|---|----|----|----|----|
| T | K | G | I | D | C | Y | E | W | X | S | Q | B |
| 14 | 15 | 16 | 17 | 18 | 19 | 20 | 21 | 22 | 23 | 24 | 25 | 26 |
| Z | F | L | V | O | M | A | R | J | H | U | N | P |

# CODEWORD PUZZLE 23

| 10 P | 6 L | 25 A | 23 T | 14 I | 4 N | 19 U | 5 M | | 26 C | 25 A | 10 P | 14 I | 23 T | 25 A | 6 L | 14 I | 22 S | 5 M | |
|---|---|---|---|---|---|---|---|---|---|---|---|---|---|---|---|---|---|---|---|
| 22 S | | 14 I | | 25 A | | 25 A | | 25 A | | 14 I | | 1 R | | 19 U | | 25 A | | 25 A | | 26 C |
| 3 E | 26 C | 6 L | 25 A | 23 T | | 14 I | 4 N | 26 C | 7 O | 1 R | 1 R | 3 E | 26 C | 23 T | | 4 N | 25 A | 15 V | 25 A | 6 L |
| 5 M | | 25 A | | | 1 R | | 11 H | | 1 R | | 26 C | | 23 T | | 18 D | | 15 V | | 19 U |
| 14 I | 4 N | 26 C | 7 O | 5 M | 10 P | 25 A | 23 T | 14 I | 2 B | 14 I | 6 L | 14 I | 23 T | 14 I | 3 E | 22 S | | 9 F | 3 E | 22 S |
| 16 Q | | | | 7 O | | | 4 N | | 10 P | | | 26 C | | | | 23 T |
| 19 U | 4 N | 14 I | 7 O | 4 N | | 6 L | 3 E | 3 E | 25 A | 22 S | | 14 I | 4 N | 4 N | 17 K | | 25 A | 5 M | 25 A | 20 Z | 3 E |
| 25 A | | 18 D | | 7 O | | 3 E | | 19 U | | 26 C | | 3 E | | 10 P | | 12 G | | 1 R |
| 15 V | 14 I | 3 E | 24 W | 10 P | 7 O | 14 I | 4 N | 23 T | | 26 C | 19 U | 3 E | | 3 E | 5 M | 3 E | 1 R | 12 G | 3 E | 22 S |
| 3 E | | 4 N | | 7 O | | 25 A | | 11 H | | | 10 P | | | 1 R |
| 1 R | 25 A | 23 T | 3 E | 18 D | | 18 D | 7 O | 12 G | 22 S | | 25 A | 22 S | 17 K | 22 S | | 3 E | 6 L | 25 A | 4 N | 18 D |
| | 14 I | | 3 E | | | 7 O | | 17 K | | 10 P | | 15 V | | 1 R |
| 22 S | 19 U | 26 C | 26 C | 19 U | 5 M | 2 B | | 21 J | 25 A | 5 M | | 14 I | 5 M | 10 P | 6 L | 14 I | 26 C | 25 A | 23 T | 3 E |
| 3 E | | 25 A | | 4 N | | 14 I | | 25 A | | 14 I | | | 14 I | | 23 T | | 23 T | | 22 S |
| 26 C | 7 O | 6 L | 7 O | 4 N | | 23 T | 14 I | 26 C | | 23 T | 11 H | 3 E | 5 M | 3 E | | 25 A | 1 R | 3 E | 25 A | 22 S |
| 6 L | | | 25 A | | | 17 K | | 6 L | | | 10 P | | | 5 M |
| 19 U | 22 S | 3 E | | 23 T | 1 R | 14 I | 22 S | 17 K | 25 A | 14 I | 18 D | 3 E | 17 K | 25 A | 10 P | 11 H | 7 O | 2 B | 14 I | 25 A |
| 18 D | | 13 X | | 19 U | | 4 N | | 4 N | | 4 N | | 5 M | | 26 C | | | 25 A | | 17 K |
| 3 E | 4 N | 23 T | 3 E | 1 R | | 8 F | 6 L | 14 I | 5 M | 22 S | 14 I | 3 E | 22 S | 23 T | | 8 F | 19 U | 18 D | 12 G | 3 E |
| 18 D | | 1 R | | 25 A | | 1 R | | 8 F | | 3 E | | 4 N | | 7 O | | 3 E | | 12 G | | 1 R |
| | 10 P | 25 A | 1 R | 6 L | 14 I | 25 A | 5 M | 3 E | 4 N | 23 T | | 23 T | 25 A | 1 R | 12 G | 3 E | 23 T | 3 E | 18 D | |

| 1 R | 2 B | 3 E | 4 N | 5 M | 6 L | 7 O | 8 F | 9 Y | 10 P | 11 H | 12 G | 13 X |
|---|---|---|---|---|---|---|---|---|---|---|---|---|
| 14 I | 15 V | 16 Q | 17 K | 18 D | 19 U | 20 Z | 21 J | 22 S | 23 T | 24 W | 25 A | 26 C |

# CODEWORD PUZZLE 24

| | | | | | | | | | | | | | | |
|---|---|---|---|---|---|---|---|---|---|---|---|---|---|---|
| C | E | R | T | I | F | I | C | A | T | I | O | N | S | |
| O | | A | | R | | N | | J | | N | | O | | |
| P | A | G | E | R | | E | L | A | P | S | I | N | G | |

*(completed codeword grid)*

**Solution words include:**
CERTIFICATIONS · USANCE · PAGER · ELAPSING · COSMIC · EQUALITY · DEREGULATION · AVOID · STRENGTHENER · RESIN · APPROACH · OTIC · THREE · LEAP · OVER · ROOST · SEE · MUSK · FILLETED · IMAGE · TOOTHBRUSHES · IMBUE · CONFIDENTIAL · INHALERS · ADVISE · ANTIPHON · ICIER · SHREWD · ACKNOWLEDGMENT

**Key:**

| 1 | 2 | 3 | 4 | 5 | 6 | 7 | 8 | 9 | 10 | 11 | 12 | 13 |
|---|---|---|---|---|---|---|---|---|---|---|---|---|
| G | V | S | N | O | C | X | D | T | F | H | U | K |

| 14 | 15 | 16 | 17 | 18 | 19 | 20 | 21 | 22 | 23 | 24 | 25 | 26 |
|---|---|---|---|---|---|---|---|---|---|---|---|---|
| P | J | E | W | Z | R | B | M | Q | L | A | I | Y |

# CODEWORD PUZZLE 25

| 26 O | 15 P | 9 E | 1 R | 16 A | 24 T | 20 I | 3 C | | 9 E | 4 X | 16 A | 19 S | 15 P | 9 E | 1 R | 16 A | 24 T | 9 E | |
| 16 A | | 21 U | | 21 U | | 16 A | | 16 A | | 13 L | | 2 N | | 13 L | | 9 E | | 1 R | | 9 E |
| 3 C | 16 A | 1 R | 16 A | 24 T | | 19 S | 21 U | 10 B | 18 D | 20 I | 11 V | 20 I | 18 D | 9 E | | 18 D | 1 R | 9 E | 16 A | 6 M |
| 3 C | | 9 E | | | 24 T | | 20 I | | 24 T | | 6 M | | 16 A | | 21 U | | 16 A | | 9 E | |
| 9 E | 11 V | 9 E | 1 R | 25 G | 1 R | 9 E | 9 E | 2 N | | 9 E | 13 L | 16 A | 19 S | 24 T | 20 I | 3 C | | 24 T | 16 A | 1 R |
| 15 P | | | 16 A | | | 9 E | | | 24 T | | | 24 T | | | | 16 A | |
| 24 T | 9 E | 2 N | 26 O | 1 R | | 16 A | 13 L | 24 T | 9 E | 1 R | | 20 I | 3 C | 22 Y | | 20 I | 18 D | 9 E | 16 A | 13 L |
| 16 A | | 9 E | | 2 N | | 1 R | | | 21 U | | 26 O | | 16 A | | 26 O | | 13 L | | 18 D |
| 10 B | 16 A | 1 R | 1 R | 20 I | 19 S | 24 T | 9 E | 1 R | | 10 B | 20 I | 2 N | | 3 C | 16 A | 2 N | 3 C | 9 E | 13 L | 19 S |
| 13 L | | 11 V | | 19 S | | | 16 A | | 22 Y | | | 23 H | | | | 3 C | |
| 9 E | 15 P | 26 O | 3 C | 23 H | | 1 R | 26 O | 7 W | 19 S | | 14 J | 9 E | 19 S | 24 T | | 19 S | 20 I | 24 T | 9 E | 19 S |
| | | 21 U | | | 20 I | | | 12 F | | 13 L | | | 3 C | | 26 O | | 21 U |
| 20 I | 2 N | 19 S | 24 T | 16 A | 2 N | 24 T | | 16 A | 25 G | 9 E | | 8 K | 20 I | 13 L | 26 O | 23 H | 9 E | 1 R | 24 T | 17 Z |
| 2 N | | 13 L | | 2 N | | 17 Z | | 15 P | | 24 T | | | 20 I | | 20 I | | 16 A | | 9 E |
| 18 D | 26 O | 22 Y | 2 N | 9 E | 2 N | | 22 Y | 16 A | 15 P | | 16 A | 18 D | 18 D | 9 E | 18 D | | 19 S | 26 O | 13 L | 16 A | 1 R |
| 21 U | | 26 O | | | 1 R | | 9 E | | | 6 M | | | 16 A |
| 19 S | 16 A | 15 P | | 21 U | 2 N | 3 C | 13 L | 16 A | 19 S | 15 P | | 25 G | 13 L | 20 I | 19 S | 19 S | 16 A | 2 N | 18 D | 20 I |
| 24 T | | 20 I | | 2 N | | 23 H | | 20 I | | 16 A | | 1 R | | 2 N | | | 16 A | | 2 N |
| 1 R | 9 E | 13 L | 20 I | 3 C | | 16 A | 10 B | 19 S | 9 E | 2 N | 24 T | 9 E | 9 E | 19 S | | 16 A | 19 S | 19 S | 9 E | 24 T |
| 22 Y | | 16 A | | 9 E | | 1 R | | 16 A | | 18 D | | 9 E | | 9 E | | 19 S | | 16 A | | 22 Y |
| | 5 Q | 21 U | 9 E | 19 S | 16 A | 18 D | 20 I | 13 L | 13 L | 16 A | | 19 S | 16 A | 24 T | 23 H | 9 E | 13 L | 19 S | |

| 1 R | 2 N | 3 C | 4 X | 5 Q | 6 M | 7 W | 8 K | 9 E | 10 B | 11 V | 12 F | 13 L |
| 14 J | 15 P | 16 A | 17 Z | 18 D | 19 S | 20 I | 21 U | 22 Y | 23 H | 24 T | 25 G | 26 O |

# CODEWORD PUZZLE 26

| | 12 M | 14 A | 1 R | 6 I | 20 T | 6 I | 12 M | 5 E | | 14 A | 17 P | 10 S | 5 E | | 14 A | 13 W | 4 H | 6 I | 22 L | 5 E |
|---|---|---|---|---|---|---|---|---|---|---|---|---|---|---|---|---|---|---|---|---|
| 14 A | | 8 B | | 15 C | | 21 N | | 21 N | | 20 T | | 25 U | | 16 Z | | 6 I | | 2 D | | 9 V |
| 5 E | 1 R | 11 O | 2 D | 5 E | | 9 V | 5 E | 19 G | 5 E | 20 T | 14 A | 8 B | 22 L | 5 E | | 21 N | 14 A | 6 I | 9 V | 5 E |
| 1 R | | 25 U | | | 11 O | | 25 U | | 6 I | | 10 S | | 1 R | | 2 D | | 11 O | | 21 N |
| 11 O | 25 U | 20 T | 22 L | 11 O | 11 O | 23 K | | 22 L | 11 O | 15 C | 14 A | 20 T | 6 I | 11 O | 21 N | 10 S | | 12 M | 14 A | 20 T |
| 19 G | | | 8 B | | 5 E | 22 L | 5 F | | | 14 A | | | 13 W | | | | | | 6 I |
| 1 R | 11 O | 15 C | 10 K | 5 S | | | | 3 Q | | 21 N | 25 U | 20 T | | 5 E | 8 B | 8 B | 5 E | 2 D |
| 14 A | | 11 O | | 5 E | | 2 D | 5 E | 2 D | 25 U | 15 C | 20 T | | 13 W | | 17 P | | 5 E | | 5 E |
| 12 M | 5 E | 12 M | 8 B | 1 R | 14 A | 21 N | 5 E | | 6 I | | 6 I | | 14 A | 20 T | 20 T | 5 E | 21 N | 2 D | 10 S |
| 12 M | | 12 M | | 9 V | | 14 A | | 16 Z | | 14 A | | 21 N | | | | 5 E | | | |
| 5 E | 24 X | 25 U | 8 B | 5 E | 1 R | 14 A | 21 N | 15 C | 5 E | | 7 F | 22 L | 14 A | 19 G | 10 S | 20 T | 14 A | 7 F | 7 F | 10 S |
| | 21 N | | | 4 H | | 11 O | | 8 B | | 24 X | | 5 E | | 6 I | | 12 M |
| 15 C | 22 L | 1 I | 12 M | 14 A | 20 T | 5 E | | 1 R | | 22 L | | 22 L | 6 I | 8 B | 1 R | 5 E | 20 T | 20 T | 11 O |
| 14 A | | 20 T | | 20 T | | 14 A | | 17 P | 22 L | 25 U | 21 N | 19 G | 5 E | | 1 R | | 5 E | | 11 O |
| 20 T | 1 R | 26 Y | 10 S | 20 T | | 2 D | 25 U | 11 O | | 5 E | | | | 14 A | 25 U | 2 D | 6 I | 20 T |
| 14 A | | | 1 R | | | 1 R | | | 14 A | 21 N | 14 A | | 15 C | | | | 4 H |
| 12 M | 14 A | 1 R | | 14 A | 8 B | 10 S | 20 T | 14 A | 6 I | 21 N | 5 E | 2 D | | 7 F | 1 R | 5 E | 10 S | 4 H | 5 E | 21 N |
| 14 A | 4 H | | 15 C | | 14 A | | 20 T | | 11 O | | 2 D | | 22 L | | | 6 I | | 5 E |
| 1 R | 11 O | 11 O | 10 S | 20 T | | 10 S | 15 C | 6 I | 21 N | 20 T | 6 I | 22 L | 22 L | 14 A | | 18 J | 11 O | 23 K | 5 E | 10 S |
| 14 A | | 12 M | | 5 E | | 4 H | | 11 O | | 15 C | | 5 E | | 12 M | | 14 A | | 5 E | | 10 S |
| 21 N | 11 O | 8 B | 11 O | 2 D | 26 Y | | 6 I | 21 N | 15 C | 4 H | | 10 S | 20 T | 5 E | 14 A | 12 M | 5 E | 1 R | 10 S |

| 1 | 2 | 3 | 4 | 5 | 6 | 7 | 8 | 9 | 10 | 11 | 12 | 13 |
|---|---|---|---|---|---|---|---|---|---|---|---|---|
| R | D | Q | H | E | I | F | B | V | S | O | M | W |

| 14 | 15 | 16 | 17 | 18 | 19 | 20 | 21 | 22 | 23 | 24 | 25 | 26 |
|---|---|---|---|---|---|---|---|---|---|---|---|---|
| A | C | Z | P | J | G | T | N | L | K | X | U | Y |

# CODEWORD PUZZLE 27

JURISDICTION UNAWARES
SOUNDPROOF ALGORITHMS
SOOTHSAYERS DISTANCES
HYPE HOROSCOPE ASPS
EUPHORIA FLUORESCENCE
DEVELOPMENTS MOONRISE
BULB RASPBERRY PIPE
ALBATROSS QUESTIONING
RECOMMENDS LANDSCAPES
ABSENTEE BIODIVERSITY

| 1 | 2 | 3 | 4 | 5 | 6 | 7 | 8 | 9 | 10 | 11 | 12 | 13 |
|---|---|---|---|---|---|---|---|---|----|----|----|----|
| W | P | A | Z | R | J | X | I | S | E | H | L | M |

| 14 | 15 | 16 | 17 | 18 | 19 | 20 | 21 | 22 | 23 | 24 | 25 | 26 |
|----|----|----|----|----|----|----|----|----|----|----|----|----|
| G | D | Q | K | N | C | B | O | V | T | U | F | Y |

# CODEWORD PUZZLE 28

| | | | | | | | | | | | | | | | | | | | | | | | | | |
|---|---|---|---|---|---|---|---|---|---|---|---|---|---|---|---|---|---|---|---|---|---|---|---|---|---|
| E | X | P | L | A | I | N | E | D | | C | I | T | I | Z | E | N | S | H | I | P |
| D | | A | | M | | O | | O | | A | | R | | U | | E | | Y | | U |
| U | N | C | L | E | | R | E | G | A | T | T | A | | C | O | C | K | P | I | T |
| C | | K | | N | | M | | M | | E | | N | | C | | T | | O | | T |
| A | D | A | G | I | O | | B | A | N | G | | S | C | H | M | A | L | T | Z | Y |
| T | | G | | T | | D | | O | | I | | I | | R | | H | | | | |
| I | T | E | M | I | S | E | | B | A | R | I | T | O | N | E | | J | E | E | R |
| O | | | E | | S | | O | | I | | | | I | | A | | S | | | U |
| N | E | M | E | S | I | S | | N | E | S | T | L | E | | | C | L | I | M | B |
| A | | A | | | E | | A | | E | | O | | B | | T | | S | | | |
| L | A | C | Q | U | E | R | I | N | G | | A | G | G | R | E | S | S | I | V | E |
| | | R | | S | | T | | Z | | I | | I | | I | | | N | | | N |
| O | Z | O | N | E | | F | A | B | R | I | C | | E | N | G | A | G | E | D |
| F | | E | | D | | T | | R | | A | | F | | L | | | | | O |
| F | A | C | T | | G | O | O | D | W | I | L | L | | L | E | A | T | H | E | R |
| | O | | C | | M | | U | | G | | | Y | | S | | E | | | S |
| F | A | N | C | Y | W | O | R | K | | A | R | M | Y | | P | S | Y | C | H | E |
| L | O | G | | R | | E | | T | | E | | M | | W | | T | | | M |
| A | L | M | O | N | E | R | | D | W | I | N | D | L | E | | A | W | A | K | E |
| K | | I | | E | | O | | O | | I | | N | | R | | R | | | N |
| Y | A | C | H | T | S | W | O | M | A | N | | A | M | U | S | E | M | E | N | T |

| 1 | 2 | 3 | 4 | 5 | 6 | 7 | 8 | 9 | 10 | 11 | 12 | 13 |
|---|---|---|---|---|---|---|---|---|---|---|---|---|
| B | D | J | L | V | R | S | O | G | Z | X | W | P |

| 14 | 15 | 16 | 17 | 18 | 19 | 20 | 21 | 22 | 23 | 24 | 25 | 26 |
|---|---|---|---|---|---|---|---|---|---|---|---|---|
| E | C | M | U | H | A | K | Y | Q | F | T | I | N |

# CODEWORD PUZZLE 29

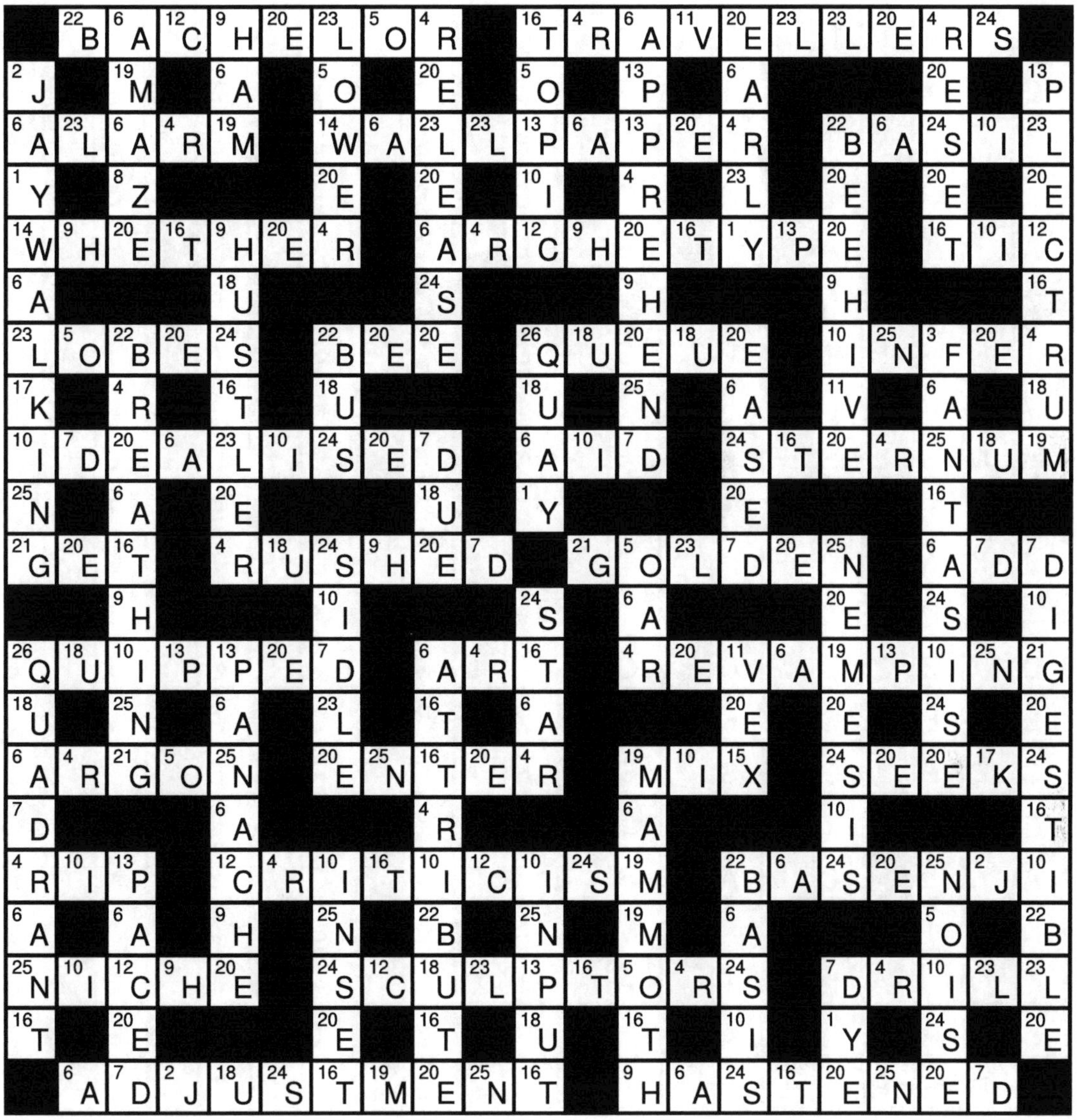

Across/down solution words filled into the grid:

BACHELOR · TRAVELLERS
ALARM · WALLPAPER · BASIL
WHETHER · ARCHETYPE · TIC
LOBES · BEE · QUEUE · INFER
IDEALISED · AID · STERNUM
GET · RUSHED · GOLDEN · ADD
QUIPPED · ART · REVAMPING
ARGON · ENTER · MIX · SEEKS
RIP · CRITICISM · BASENJI
NICHE · SCULPTORS · DRILL
ADJUSTMENT · HASTENED

| 1 | 2 | 3 | 4 | 5 | 6 | 7 | 8 | 9 | 10 | 11 | 12 | 13 |
|---|---|---|---|---|---|---|---|---|----|----|----|----|
| Y | J | F | R | O | A | D | Z | H | I | V | C | P |

| 14 | 15 | 16 | 17 | 18 | 19 | 20 | 21 | 22 | 23 | 24 | 25 | 26 |
|----|----|----|----|----|----|----|----|----|----|----|----|----|
| W | X | T | K | U | M | E | G | B | L | S | N | Q |

# CODEWORD PUZZLE 30

| | ³R | ¹²E | ²U | ¹⁶N | ⁸I | ⁵T | ¹²E | ²⁶D | | ⁴G | ¹²E | ¹⁶N | ¹²E | ³R | ¹⁴O | ²U | ¹⁹S | ²³L | ⁶Y |
|---|---|---|---|---|---|---|---|---|---|---|---|---|---|---|---|---|---|---|---|
| ⁴G | | ²²X | | ²U | | ⁸I | | ³R | | ¹⁴O | | ¹⁵A | | ⁶Y | | ¹⁶N | | ¹⁵A | | ⁵T |
| ¹⁵A | ¹²V | ⁷E | ³R | ⁵T | | ¹⁷P | ³R | ¹⁴O | ⁴G | ³R | ¹⁵A | ²⁵M | ²⁵M | ¹²E | | ¹⁹S | ¹⁴O | ²U | ⁵T | ²¹H |
| ²³L | | ³R | | | ¹⁹S | | ¹⁴O | | ⁴G | | ¹²E | | | ⁶Y | | | ⁴G | | | ⁸I |
| ¹⁵A | ⁸T | ⁷T | ³R | ¹⁵A | ¹⁰C | ⁵T | | ¹⁷P | ¹⁹S | ¹²E | ²U | ²⁶D | ¹⁴O | ⁶N | ²⁶Y | ²⁵M | | ²¹H | ¹²E | ³R |
| | ⁸I | | | ¹⁶N | | ¹⁵A | | ⁸I | | | | ²⁶D | | | ¹⁷P | | | | | ⁵T |
| ⁸I | ¹⁶N | ¹⁹S | ¹²E | ⁵T | | ²⁰F | ¹⁸J | ¹⁴O | ³R | ²⁶D | | ⁶Y | ¹⁵E | ¹⁹S | | ¹⁵A | ²³L | ¹⁹I | ¹²V | ¹²E |
| ²⁵M | | ¹⁰C | | ²¹H | | ²⁰F | | | | ¹⁵A | | ¹⁷P | | | ⁵T | | ²³L | | | ¹²E |
| ¹⁵A | ²⁶D | ²¹H | ¹²E | ³R | ¹²E | | ⁹B | ¹⁵A | ¹⁶N | ¹⁶N | ¹²E | ³R | | ¹²E | ¹⁰C | ²¹H | ¹²E | ²³L | ¹⁴O | ¹⁶N |
| ⁴G | | ¹⁶N | | ¹⁴O | | | | ¹⁶N | | ¹²E | | ²⁶D | | ¹⁶N | | ¹²E | | ⁸I | | |
| ¹²E | ²²X | ¹⁵A | ¹⁹S | ¹⁷P | ¹²E | ³R | ¹⁵A | ⁵T | ¹²E | | ⁶Y | ¹⁵A | ³R | ²⁶D | ¹⁹S | ⁵T | ⁸I | ¹⁰C | ¹K | ¹⁹S |
| | | ²U | | ¹⁴O | | ⁸I | | ⁸I | | ²⁵M | | ³R | | | | ⁸I | | ⁸I | | ²⁴W |
| ²⁶D | ¹⁵A | ¹¹Z | ¹¹Z | ²³L | ¹²E | ²⁶D | | ¹³Q | ²U | ¹⁵A | ²³L | ²⁵M | ¹⁹S | | ¹⁹S | ¹⁰C | ⁵Y | ²¹T | ¹²H | ²³E |
| ¹²E | | ¹²E | | ¹⁴O | | ¹²E | | ²U | | ¹¹Z | | | ⁴G | | ¹⁵A | | ²³L | | | ²³L |
| ¹⁹S | ¹⁷P | ³R | ⁸I | ⁴G | | ¹⁹S | ²¹H | ¹²E | | ¹²E | ¹⁵A | ⁴G | ¹²E | ³R | | ²³L | ¹⁴O | ¹⁵Y | ¹⁵A | ²³L |
| ¹⁰C | | | | ⁸I | | | | ¹⁵A | | | | ²⁶D | | | ¹⁵A | | ²³L | | | ²⁴W |
| ¹⁵A | ²³L | ²³L | | ¹⁰C | ²³L | ¹⁵A | ¹⁹S | ¹⁹S | ³R | ¹⁴O | ¹⁴O | ²⁵M | | ²⁶D | ¹⁴O | ⁶Y | ¹²E | ¹⁶N | ¹⁶N | ¹²E |
| ¹⁶N | | ⁸I | | ¹⁵A | | | ²⁵M | | ¹⁵A | | ¹²E | | ²U | | | ¹⁵A | | | ¹⁵A | |
| ⁵T | ¹⁴O | ⁷T | ¹⁵A | ²³L | | ⁵T | ³R | ⁵T | ⁵T | ¹⁴O | ³R | ⁸I | ¹⁵A | | ²⁰F | ¹⁵A | ¹⁰C | ⁵T | ¹⁹S | |
| ¹⁹S | | ³R | | ²³L | | ¹⁵A | | ³R | | ²¹H | | ⁴G | | ⁵T | | ⁸I | | ²¹H | | ⁵T |
| | ²⁶D | ⁷E | ²¹H | ⁶Y | ²⁶D | ³R | ¹⁵A | ⁵T | ¹²E | ¹⁹S | | ¹²E | ²³L | ¹²E | ¹⁰C | ⁵T | ⁸I | ¹⁴O | ¹⁶N | |

| 1 | 2 | 3 | 4 | 5 | 6 | 7 | 8 | 9 | 10 | 11 | 12 | 13 |
|---|---|---|---|---|---|---|---|---|---|---|---|---|
| K | U | R | G | T | Y | V | I | B | C | Z | E | Q |
| **14** | **15** | **16** | **17** | **18** | **19** | **20** | **21** | **22** | **23** | **24** | **25** | **26** |
| O | A | N | P | J | S | F | H | X | L | W | M | D |

# CODEWORD PUZZLE 31

| 13 B | | 3 G | | 24 S | | 3 G | | 24 S | | | 5 D | | 8 C | | 13 B | | 24 S |
| 8 C | 16 A | 10 T | 12 E | 20 R | 15 P | 14 I | 1 L | 1 L | 16 A | 20 R | | 8 C | 17 O | 1 L | 17 O | 21 N | 12 E | 1 L | 8 C | 7 Y |
| | 5 D | | 21 N | | 12 E | | 17 O | | 19 K | | 8 C | | 17 O | | 2 M | | 20 R | | 20 R |
| 14 I | 2 M | 15 P | 12 E | 5 D | 12 E | | 8 C | 6 H | 14 I | 21 N | 16 A | | 20 R | | 15 P | 20 R | 12 E | 15 P | 16 A | 7 Y |
| | 14 I | | | 8 C | | 19 K | | | 20 R | | 25 J | | 16 A | | 4 F | | 10 T |
| 12 E | 21 N | 20 R | 14 I | 8 C | 12 E | 21 N | 10 T | | 5 D | 14 I | 8 C | 20 R | 14 I | 17 O | 14 I | 8 C | 8 C | | 24 S |
| | 10 T | | 21 N | | | 21 N | | 12 E | | 14 I | | 2 M | | 14 I | | | 6 H |
| 4 F | 17 O | 20 R | 10 T | 20 R | 12 E | 24 S | 24 S | | 20 R | 6 H | 17 O | 2 M | 13 B | 11 U | 24 S | | 18 Q | 11 U | 14 I | 23 Z |
| | 21 N | | 12 E | | | 15 P | | 3 G | | 9 V | | | 17 O | | 11 U | | 12 E |
| | | 8 C | 1 L | 16 A | 24 S | 24 S | 14 I | 4 F | 14 I | 8 C | 16 A | 10 T | 14 I | 17 O | 21 N | | 16 A | 15 P | 24 S | 12 E |
| | 12 E | | 1 L | | | 12 E | | 9 V | | 24 S | | 21 N | | | 5 D | | 10 T |
| 17 O | 21 N | 8 C | 12 E | | 20 R | 17 O | 1 L | 1 L | 12 E | 20 R | 8 C | 17 O | 16 A | 24 S | 10 T | 12 E | 20 R | 24 S |
| | 8 C | | 8 C | | 17 O | | | 20 R | | 11 U | | 11 U | | | 16 A | | 20 R |
| 22 W | 17 O | 20 R | 10 T | | 11 U | 10 T | 12 E | 21 N | 24 S | 14 I | 1 L | | 3 G | 12 E | 20 R | 16 A | 21 N | 14 I | 11 U | 2 M |
| | 11 U | | | 21 N | | 26 X | | 16 A | | 16 A | | 11 U | | | 10 T | | 14 I |
| 14 I | 21 N | 3 G | 20 R | 12 E | 5 D | 14 I | 12 E | 21 N | 10 T | | 20 R | 11 U | 20 R | 16 A | 1 L | 14 I | 24 S | 14 I | 21 N | 3 G |
| | 10 T | | 12 E | | 16 A | | 20 R | | 14 I | | | 16 A | | 14 I | | | 16 A |
| 13 B | 12 E | 5 D | 16 A | 11 U | 13 B | | 8 C | | 17 O | 9 V | 12 E | 20 R | 10 T | | 18 Q | 11 U | 16 A | 20 R | 10 T | 23 Z |
| | 20 R | | 1 L | | 17 O | | 14 I | | 21 N | | 16 A | | 14 I | | 11 U | | 1 L | | 14 I |
| 20 R | 12 E | 14 I | 2 M | 13 B | 11 U | 20 R | 24 S | 12 E | | 16 A | 24 S | 24 S | 17 O | 8 C | 14 I | 16 A | 10 T | 14 I | 17 O | 21 N |
| | 5 D | | 24 S | | 10 T | | 12 E | | | 7 Y | | 21 N | | 5 D | | 17 O | | 21 N |

| 1 | 2 | 3 | 4 | 5 | 6 | 7 | 8 | 9 | 10 | 11 | 12 | 13 |
|---|---|---|---|---|---|---|---|---|----|----|----|----|
| L | M | G | F | D | H | Y | C | V | T | U | E | B |

| 14 | 15 | 16 | 17 | 18 | 19 | 20 | 21 | 22 | 23 | 24 | 25 | 26 |
|----|----|----|----|----|----|----|----|----|----|----|----|----|
| I | P | A | O | Q | K | R | N | W | Z | S | J | X |

# CODEWORD PUZZLE 32

| 15 E | 14 L | 15 E | 16 P | 2 H | 9 A | 24 N | 3 T | | 6 J | | 20 Q | 21 U | 15 E | 11 S | 3 T | 7 I | 12 O | 24 N |
|---|---|---|---|---|---|---|---|---|---|---|---|---|---|---|---|---|---|---|
| 11 S | | 9 A | | 7 I | | 1 C | | 12 O | | 21 U | | 21 U | | 14 L | | 12 O | | 8 F | | 16 P |
| 1 C | 2 H | 21 U | 3 T | 15 E | | 2 H | 24 N | 23 D | 11 S | 2 H | 19 A | 15 K | 14 E | | 14 L | 9 A | 3 T | 15 E | 10 R |
| 7 I | | 25 G | | | | 7 I | | 7 I | | | 23 D | | 1 C | | 15 E | | 15 E | | 15 E |
| 15 E | 24 N | 2 H | 9 A | 24 N | 1 C | 15 E | | 25 G | 15 E | 24 N | 15 E | 10 R | 3 T | 12 O | 10 R | | 24 N | 9 A | 16 P |
| 24 N | | | 15 E | | 5 V | | 2 H | | | 7 I | | | | 9 A | | | | | 9 A |
| 3 T | 9 A | 16 P | 15 E | 10 R | | 15 E | 18 X | 3 T | 12 O | 14 L | | 14 L | 12 O | 3 T | | 4 B | 10 R | 7 I | 9 A | 10 R |
| 7 I | | 12 O | | 5 V | | 10 R | | 9 A | | 9 A | | 10 R | | 14 L | | 24 N | | | 15 E |
| 8 F | | 11 S | 15 E | 15 E | 19 K | | 6 J | 9 A | 1 C | 19 K | 15 E | 3 T | | 9 A | 5 V | 15 E | 10 R | 3 T | 15 E | 23 D |
| 7 I | | 3 T | | | 12 O | | | 24 N | | 15 E | | 15 E | | 7 I | | | | 15 E |
| 1 C | 9 A | 16 P | 9 A | 4 B | 7 I | 14 L | 7 I | 3 T | 13 Y | | 7 I | 10 R | 12 O | 24 N | 7 I | 1 C | 9 A | 14 L | 14 L | 13 Y |
| | | 12 O | | | 12 O | | 7 I | | 9 A | | 9 A | | 1 C | | | 14 L | | 15 E |
| 14 L | 7 I | 24 N | 12 O | 1 C | 21 U | 3 T | | 1 C | 9 A | 6 J | 12 O | 14 L | 15 E | | 15 E | 14 L | 11 S | 15 E | | 11 S |
| 12 O | | 15 E | | 14 L | | 21 U | | 12 O | | 9 A | | | 17 M | | 14 L | | 1 C | | 3 T |
| 5 V | 7 I | 11 S | 3 T | 9 A | | 11 S | 16 P | 9 A | | 10 R | 21 U | 17 M | 4 B | 9 A | | 9 A | 24 N | 3 T | 10 R | 15 E |
| 15 E | | | 7 I | | | 25 G | | | | 12 O | | 25 G | | 17 M | | | | | 10 R |
| 9 A | 11 S | 19 K | | 17 M | 12 O | 14 L | 14 L | 21 U | 11 S | 1 C | 9 A | 24 N | | 9 A | 1 C | 9 A | 23 D | 15 E | 17 M | 13 Y |
| 4 B | | 15 E | | 9 A | | 9 A | | 14 L | | | 7 I | | 26 Z | | | 19 K | | 15 E |
| 14 L | 7 I | 24 N | 15 E | 24 N | | 11 S | 16 P | 9 A | 25 G | 2 H | 15 E | 3 T | 3 T | 7 I | | 1 C | 2 H | 7 I | 24 N | 9 A |
| 15 E | | 23 D | | 3 T | | 15 E | | 24 N | | 12 O | | 12 O | | 24 N | | 12 O | | 24 N | | 10 R |
| | 4 B | 12 O | 22 W | 11 S | 16 P | 10 R | 7 I | 3 T | | 16 P | | 10 R | 2 H | 15 E | 12 O | 14 L | 12 O | 25 G | 13 Y |

| 1 C | 2 H | 3 T | 4 B | 5 V | 6 J | 7 I | 8 F | 9 A | 10 R | 11 S | 12 O | 13 Y |
|---|---|---|---|---|---|---|---|---|---|---|---|---|
| 14 L | 15 E | 16 P | 17 M | 18 X | 19 K | 20 Q | 21 U | 22 W | 23 D | 24 N | 25 G | 26 Z |

# CODEWORD PUZZLE 33

| 1 | 2 | 3 | 4 | 5 | 6 | 7 | 8 | 9 | 10 | 11 | 12 | 13 |
|---|---|---|---|---|---|---|---|---|----|----|----|----|
| N | R | D | Z | H | Q | X | F | C | L  | I  | M  | K  |

| 14 | 15 | 16 | 17 | 18 | 19 | 20 | 21 | 22 | 23 | 24 | 25 | 26 |
|----|----|----|----|----|----|----|----|----|----|----|----|----|
| V  | W  | T  | Y  | A  | S  | U  | J  | B  | E  | G  | O  | P  |

# CODEWORD PUZZLE 34

|   | 5 I | 20 J | 17 S | 6 A | 15 V | 6 A | 18 N | 6 A |   | 17 S |   | 9 B |   | 24 T |
|---|---|---|---|---|---|---|---|---|---|---|---|---|---|---|
| 5 I | 18 N | 24 T | 14 E | 19 R | 26 P | 19 R | 14 E | 24 T | 19 E | 17 R | 17 S | 8 C | 25 U | 26 P | 9 B | 16 O | 6 A | 19 R | 4 D |

|   | 24 T |   | 17 S |   | 5 I |   | 19 R |   | 24 T |   | 23 K |   | 11 H |   | 14 E |   | 3 X |   | 6 A |
|11 H | 14 E | 24 T | 5 I | 8 C |   | 16 O | 9 B | 17 S | 14 E | 17 S | 17 S | 5 I | 16 O | 18 N |   | 12 F | 25 U | 18 N | 4 D |
|   | 1 G |   |   | 21 Y |   | 4 D |   |   |   | 14 E |   | 4 D |   | 25 U |   | 17 S |
|26 P | 19 R | 16 O | 14 E | 6 E |   | 8 C | 21 Y | 14 A | 18 N |   | 13 W | 14 A | 15 V | 14 E |   | 9 B | 25 L | 25 U | 12 F | 12 F |
|   | 6 A |   | 25 U |   | 26 P |   | 18 N |   | 16 O |   | 5 I |   | 14 E |   | 22 M |   |   | 14 E |
|26 P | 7 L | 14 E | 24 T | 11 H | 16 O | 19 R | 6 A |   | 25 U | 18 N | 14 D | 14 E | 19 R | 26 P | 14 E | 19 R | 12 F | 16 O | 19 R | 22 M |
|14 E |   |   | 24 T |   | 17 S |   | 22 M |   | 18 N |   | 14 E |   |   | 17 S |   | 16 O |   | 6 A |
|6 A | 17 S | 8 C | 14 E | 19 R | 24 T | 6 A | 5 I | 18 N | 17 S |   | 18 N | 16 O | 19 R | 24 T | 11 H |   | 16 O | 19 R | 9 B | 17 S |
|   | 26 P |   | 19 R |   |   | 8 C |   |   |   | 14 E |   |   | 4 D |   | 7 L |
|10 Z | 5 I | 18 N | 8 C |   | 26 P | 14 E | 17 S | 24 T | 17 S |   | 13 W | 14 E | 6 A | 23 K | 18 N | 14 E | 17 S | 17 S | 14 E | 17 S |
|   | 19 R |   | 25 U |   | 7 L |   |   | 16 O |   | 14 E |   | 4 D |   | 14 E |   | 24 T |   |   | 16 O |
|22 M | 5 I | 17 S | 26 P | 19 R | 16 O | 18 N | 16 O | 25 U | 18 N | 8 C | 14 E |   | 20 J | 6 A | 8 C | 2 Q | 25 U | 6 A | 19 R | 4 D |
|   | 24 T |   |   | 21 Y |   | 19 R |   | 1 G |   | 4 D |   | 25 U |   | 23 K |   | 12 F |   | 16 O |
|2 Q | 25 U | 5 I | 8 C | 23 K |   | 14 E | 1 G | 1 G | 17 S |   | 17 S | 6 A | 17 S | 11 H |   | 6 A | 12 F | 16 O | 16 O | 24 T |
|   | 6 A |   | 6 A |   | 17 S |   | 6 A |   |   |   | 24 T |   | 8 C |   |   | 17 S |
|8 C | 7 L | 25 U | 9 B |   | 8 C | 16 O | 18 N | 25 U | 18 N | 4 D | 19 R | 25 U | 22 M |   | 11 H | 6 A | 9 B | 5 I | 24 T | 17 S |
|   | 5 I |   | 7 L |   | 16 O |   | 5 I |   | 14 E |   | 6 A |   | 14 E |   | 6 A |   | 6 A |   | 14 E |
|6 A | 24 T | 24 T | 14 E | 22 M | 26 P | 24 T | 17 S |   | 6 A | 18 N | 18 N | 25 U | 18 N | 8 C | 5 I | 6 A | 24 T | 16 O | 19 R | 21 Y |
|   | 21 Y |   | 4 D |   | 14 E |   | 22 M | 6 A | 19 R |   | 23 K |   | 24 T |   | 19 R |   | 11 H |   | 17 S |

| 1 | 2 | 3 | 4 | 5 | 6 | 7 | 8 | 9 | 10 | 11 | 12 | 13 |
|---|---|---|---|---|---|---|---|---|---|---|---|---|
| G | Q | X | D | I | A | L | C | B | Z | H | F | W |
| 14 | 15 | 16 | 17 | 18 | 19 | 20 | 21 | 22 | 23 | 24 | 25 | 26 |
| E | V | O | S | N | R | J | Y | M | K | T | U | P |

# CODEWORD PUZZLE 35

| 3 A | 17 L | 17 L | 26 O | 24 C | 3 A | 25 T | 4 E | | 18 B | 3 A | 24 C | 16 K | 8 G | 3 A | 9 M | 9 M | 26 O | 13 N | |
|---|---|---|---|---|---|---|---|---|---|---|---|---|---|---|---|---|---|---|---|
| 13 N | | 3 A | | 3 A | | 24 C | | 3 A | | 17 L | | 23 H | | 5 R | | 3 A | | 5 R | | 21 I |
| 4 E | 3 A | 5 R | | 16 K | | 25 T | 14 U | 5 R | 1 Q | 14 U | 26 O | 21 I | 5 S | 4 E | | 17 L | 4 E | 3 A | 16 K | 5 S |
| 12 W | | 19 V | | | | 17 L | | 20 F | | 23 H | | 3 A | 17 L | 17 L | | 25 T | | | 26 O | |
| 6 S | 2 P | 3 A | 8 G | 23 H | 4 E | 25 T | 25 T | 21 I | | 20 F | 3 A | 14 U | 17 L | 25 T | | 3 A | 17 L | 4 E | 5 R | 25 T |
| 3 A | | | 21 I | | 14 U | | 4 E | | | | 3 A | | | | | 5 R | | | | 26 O |
| 8 G | 5 R | 3 A | 4 E | 25 T | | 25 T | 4 E | 5 R | 11 M | 5 S | | 23 H | 14 U | 9 M | | 10 D | 5 R | 26 O | 26 O | 2 P |
| 4 E | | 8 G | | 5 R | | 25 T | | | | | 21 I | | 14 U | | 3 A | | | 9 M | | 4 E |
| 13 N | 26 O | 5 R | 9 M | 3 A | 17 L | 21 I | 25 T | 11 Y | | 2 P | 4 E | 3 A | | 13 N | 4 E | 5 R | 19 V | 4 E | | 6 S |
| 25 T | | 26 O | | 5 R | | | | 4 E | | 6 S | | | 8 G | | 3 A | | 17 L | | | |
| 6 S | 26 O | 13 N | 21 I | 24 C | | 15 J | 4 E | 6 S | 25 T | | 19 V | 4 E | 25 T | 26 O | | 24 C | 23 H | 4 E | 4 E | 5 R |
| | | 26 O | | 23 H | | 14 U | | | | 21 I | | 5 R | | | 4 E | | 25 T | | 4 E | |
| 3 A | | 9 M | 3 A | 11 Y | 26 O | 5 R | | 12 W | 3 A | 10 D | | 3 A | 4 E | 6 S | 25 T | 23 H | 4 E | 25 T | 21 I | 24 C |
| 5 R | | 21 I | | | 26 O | | 23 H | | 4 E | | | | 23 H | | 26 O | | 4 E | | 21 I | |
| 24 C | 26 O | 24 C | 26 O | 3 A | | 5 R | 11 M | 4 E | | 3 A | 5 R | 26 O | 9 M | 3 A | | 5 R | 4 E | 5 R | 4 E | 25 T |
| 23 H | | | 17 L | | | 5 R | | | 5 R | | 5 R | | 6 S | | | | | | | 3 A |
| 21 I | 13 N | 8 G | 26 O | 25 T | | 21 I | 25 T | 4 E | 9 M | 6 S | | 21 I | 9 M | 2 P | 17 L | 4 E | 9 M | 4 E | 13 N | 25 T |
| 19 V | | 3 A | | 4 E | 13 N | 10 D | | 14 U | | 21 I | | 8 G | | | | 13 N | | | 21 I | |
| 4 E | 17 L | 19 V | 4 E | 5 R | | 4 E | 22 X | 2 P | 3 A | 13 N | 6 S | 21 I | 19 V | 4 E | | 2 P | | 25 T | 26 O | 26 O |
| 6 S | | 4 E | | 4 E | | 3 A | | 26 O | | 8 G | | 17 L | | 14 U | | 4 E | | 13 N | | |
| | 20 F | 17 L | 4 E | 10 D | 8 G | 17 L | 21 I | 13 N | 8 G | 6 S | | 6 S | 4 E | 9 M | 21 I | 13 N | 3 A | 5 R | 5 S | 6 S |

| 1 | 2 | 3 | 4 | 5 | 6 | 7 | 8 | 9 | 10 | 11 | 12 | 13 |
|---|---|---|---|---|---|---|---|---|---|---|---|---|
| Q | P | A | E | R | S | Z | G | M | D | Y | W | N |

| 14 | 15 | 16 | 17 | 18 | 19 | 20 | 21 | 22 | 23 | 24 | 25 | 26 |
|---|---|---|---|---|---|---|---|---|---|---|---|---|
| U | J | K | L | B | V | F | I | X | H | C | T | O |

# CODEWORD PUZZLE 36

| 1 | 2 | 3 | 4 | 5 | 6 | 7 | 8 | 9 | 10 | 11 | 12 | 13 |
|---|---|---|---|---|---|---|---|---|----|----|----|----|
| F | P | Y | T | W | J | A | I | C | Z | U | L | Q |

| 14 | 15 | 16 | 17 | 18 | 19 | 20 | 21 | 22 | 23 | 24 | 25 | 26 |
|----|----|----|----|----|----|----|----|----|----|----|----|----|
| G | V | X | S | D | R | N | B | H | O | K | E | M |

# CODEWORD PUZZLE 37

| 1 | 2 | 3 | 4 | 5 | 6 | 7 | 8 | 9 | 10 | 11 | 12 | 13 |
|---|---|---|---|---|---|---|---|---|----|----|----|----|
| Q | A | Z | S | K | F | W | G | E | N | X | Y | J |

| 14 | 15 | 16 | 17 | 18 | 19 | 20 | 21 | 22 | 23 | 24 | 25 | 26 |
|----|----|----|----|----|----|----|----|----|----|----|----|----|
| O | L | C | B | M | V | T | D | P | I | U | H | R |

# CODEWORD PUZZLE 38

| 19 F | 5 O | 5 O | 15 T | 25 S | 15 T | 9 E | 11 P | 25 S | | 15 T | 2 R | 12 A | 16 D | 24 I | 15 T | 24 I | 5 O | 8 N | 12 A | 17 L |
|---|---|---|---|---|---|---|---|---|---|---|---|---|---|---|---|---|---|---|---|---|
| 5 O | | 12 A | | 14 C | | 8 N | | 13 U | | 2 R | | | | 8 N | | 2 R | | 12 A | | 13 U |
| 14 C | 24 I | 15 R | 14 C | 13 U | 20 M | 15 V | 9 E | 8 N | 15 T | 24 I | 8 N | 18 G | | 4 K | 8 N | 5 O | 15 T | 15 T | 9 E | 16 D |
| 12 A | | | | 17 L | | 24 I | | | 12 A | | 13 U | | | | 8 N | | 24 I | | | 24 I |
| 17 L | 12 A | 8 N | 16 D | 17 L | 5 O | 16 R | 16 D | 25 S | | 8 N | 9 E | 9 E | 16 D | | 25 S | 24 I | 15 L | 5 O | | 14 C |
| | 12 A | | 24 I | | 5 O | | | 18 G | | 25 S | | 25 S | | 14 C | | 8 N | | 2 R |
| 2 R | 24 I | 11 P | 9 E | 8 N | | 8 N | 12 A | 15 S | 15 T | 13 U | 2 R | 15 T | 24 I | 13 U | 20 M | | 23 H | 12 A | 17 L | 5 O |
| 9 E | | | 18 G | | 20 M | | 1 W | | 17 L | | | 2 R | | 20 M | | 17 L | | 13 U |
| 17 L | 12 A | 14 C | 9 E | | 21 B | 8 N | 9 E | 19 F | 12 A | 14 C | 15 T | 5 O | 2 R | | 12 A | 17 L | 24 I | 12 A | 25 S |
| 24 I | | 5 O | | 8 N | | 9 E | | 2 R | | | | 9 E | | 26 X | | 15 T |
| 14 C | 5 O | 20 M | 20 M | 9 E | 8 N | 15 T | 12 A | 15 T | 9 E | | 14 C | 12 A | 11 P | 12 A | 21 B | 24 I | 15 L | 24 I | 15 T | 10 Y |
| | 20 M | | 12 A | | 12 A | | | 12 A | | 24 I | | 17 L | | | 9 E | | 24 I |
| 14 C | 23 H | 9 E | 25 S | 25 S | | 17 L | 24 I | 8 N | 18 G | 13 U | 24 I | 25 S | 15 T | 24 I | 14 C | | 24 I | 25 S | 17 L | 9 E |
| 12 A | | 20 M | | 10 Y | | 24 I | | | 14 C | | 17 L | | 25 S | | 20 M | | 17 L |
| 15 T | 2 R | 5 O | 15 T | | 12 A | 25 S | 25 S | 5 O | 2 R | 15 T | 20 M | 9 E | 8 N | 15 T | | 12 A | 16 D | 16 D | 9 E | 16 D |
| 23 H | | 2 R | | 22 J | | 15 T | | 6 V | | 24 I | | | 24 I | | 2 R | | 13 U |
| 9 E | | 12 A | 13 Q | 12 U | 12 A | | 23 H | 9 E | 2 R | 5 O | | 14 C | 5 O | 14 C | 23 H | 24 I | 8 N | 9 E | 12 A | 17 L |
| 16 D | | 15 T | | 2 R | | | 2 R | | 8 N | | | 12 A | | 8 N | | | 24 I |
| 2 R | 23 H | 24 I | 3 Z | 5 O | 20 M | 9 E | | 25 S | 14 C | 24 I | 8 N | 15 T | 24 I | 17 L | 17 L | 12 A | 15 T | 24 I | 5 O | 8 N |
| 12 A | | 8 N | | 2 R | | 2 R | | | 8 N | | 5 O | | 17 L | | 2 R | | 14 C | | 9 E |
| 17 L | 9 E | 18 G | 24 I | 25 S | 17 L | 12 A | 15 T | 24 I | 8 N | 18 G | | 1 W | 12 A | 10 Y | 19 F | 12 A | 2 R | 9 E | 2 R | 25 S |

| 1 | 2 | 3 | 4 | 5 | 6 | 7 | 8 | 9 | 10 | 11 | 12 | 13 |
|---|---|---|---|---|---|---|---|---|---|---|---|---|
| W | R | Z | Z | K | O | V | Q | N | E | Y | P | A | U |

| 14 | 15 | 16 | 17 | 18 | 19 | 20 | 21 | 22 | 23 | 24 | 25 | 26 |
|---|---|---|---|---|---|---|---|---|---|---|---|---|
| C | T | D | L | G | F | M | B | J | H | I | S | X |

# CODEWORD PUZZLE 39

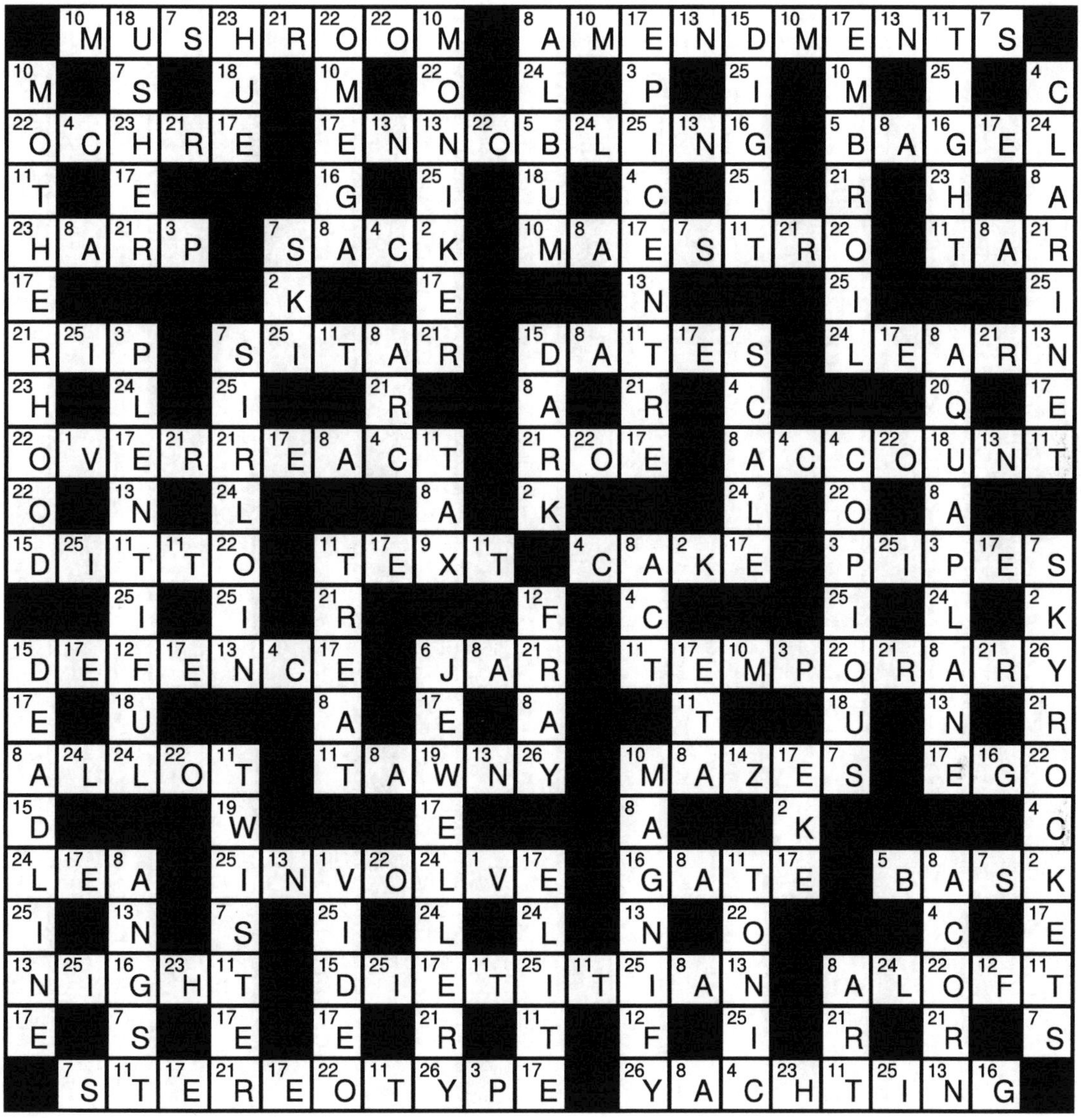

|  |  |  |  |  |  |  |  |  |  |  |  |  |  |  |  |  |  |  |
|---|---|---|---|---|---|---|---|---|---|---|---|---|---|---|---|---|---|---|
| M | U | S | H | R | O | O | M |  | A | M | E | N | D | M | E | N | T | S |

The grid contains the following filled words:

MUSHROOM, AMENDMENTS, OCHRE, ENNOBLING, BAGEL, HARP, SACK, MAESTRO, TAR, RIP, SITAR, DATES, LEARN, OVERREACT, ROE, ACCOUNT, DITTO, TEXT, CAKE, PIPES, DEFENCE, JAR, TEMPORARY, ALLOT, TAWNY, MAZES, EGO, LEA, INVOLVE, GATE, BASK, NIGHT, DIETITIAN, ALOFT, STEREOTYPE, YACHTING

| 1 | 2 | 3 | 4 | 5 | 6 | 7 | 8 | 9 | 10 | 11 | 12 | 13 |
|---|---|---|---|---|---|---|---|---|---|---|---|---|
| V | K | P | C | B | J | S | A | X | M | T | F | N |

| 14 | 15 | 16 | 17 | 18 | 19 | 20 | 21 | 22 | 23 | 24 | 25 | 26 |
|---|---|---|---|---|---|---|---|---|---|---|---|---|
| Z | D | G | E | U | W | Q | R | O | H | L | I | Y |

# CODEWORD PUZZLE 40

| | 8 R | 22 E | 14 L | 20 A | 11 X | 25 I | 24 N | 16 G | | 23 T | 22 E | 5 C | 4 H | 24 N | 25 I | 5 C | 25 I | 20 A | 24 N | |
|---|---|---|---|---|---|---|---|---|---|---|---|---|---|---|---|---|---|---|---|---|
| 20 A | | 6 Q | | 21 P | | 24 N | | 8 R | | 20 A | | 20 A | | 26 U | | 20 A | | 18 D | | 20 A |
| 17 B | 14 L | 26 U | 24 N | 23 T | | 10 S | 21 P | 9 O | 24 N | 10 S | 9 O | 8 R | 22 E | 18 D | | 8 R | 20 A | 18 D | 20 A | 8 R |
| 10 S | | 25 I | | | 25 I | | 23 T | | 15 K | | 25 I | | 16 G | | | 22 E | | | 9 O |
| 9 O | 21 P | 21 P | 9 O | 10 S | 22 E | 18 D | | 23 T | | 10 S | 20 A | 8 B | 22 R | 8 E | | 13 M | 9 O | 18 D | 22 E | 13 M |
| 8 R | | | 20 A | | 22 E | 16 G | 9 O | | | 9 O | | | 20 A | | | | 20 A | | | 20 A |
| 17 B | 22 R | 22 E | 22 E | 18 D | | 8 R | | 10 S | 20 A | 19 W | 18 D | 21 U | 20 S | 10 T | 23 | 25 I | 24 N | 16 G | 9 O | 23 T |
| 22 E | | 24 N | | 18 D | | 10 S | | | 4 H | | | 20 A | | 3 Z | | 26 U | | | 25 I |
| 24 N | 9 O | 3 Z | 3 Z | 14 L | 22 E | | 20 A | 14 L | 21 P | 20 A | 5 C | 20 A | | 10 S | 5 C | 22 E | 21 P | 23 T | 25 I | 5 C |
| 5 C | | 7 Y | | 22 E | | | 22 E | | 23 T | | 16 G | | 23 T | | | 23 T | | | | |
| 7 Y | | 13 M | 20 A | 10 S | 23 T | 4 H | 22 E | 20 A | 18 D | | 2 F | 25 I | 22 R | 10 E | 25 S | 18 I | 22 D | 22 E | | 22 E |
| | | 20 A | | | 25 I | | 10 S | | 15 K | | 14 L | | | 10 S | | 8 R | | 24 N | |
| 20 A | 8 R | 23 T | 19 W | 9 O | 8 R | 15 K | | 23 T | 20 A | 24 N | 18 D | 22 E | 13 M | | 12 J | 9 O | 15 K | 25 I | 24 N | 16 G |
| 13 M | | 25 I | | 26 U | | 22 E | | | 22 E | | | 5 C | | 23 T | | 24 N | | 25 I |
| 17 B | 20 A | 5 C | 9 O | 24 N | | 8 R | 22 E | 23 T | 22 R | 22 E | 20 A | 23 T | | 4 H | | 9 O | 8 R | 16 G | 20 A | 24 N |
| 25 I | | | 5 C | | | 22 E | | | | 22 E | 7 Y | 22 E | | 21 P | | | 22 E |
| 22 E | 7 Y | 8 R | 25 I | 22 E | | 13 M | 20 A | 24 N | 16 G | 9 O | | 13 M | | 20 A | 22 V | 22 E | 8 R | 20 A | 16 G | 22 E |
| 24 N | | 9 O | | | 20 A | | 20 A | | 11 X | | 21 P | | 21 P | | | 18 D | | 8 R |
| 5 C | 14 L | 9 O | 23 T | 4 H | | 5 C | 9 O | 24 N | 2 F | 25 I | 16 G | 26 U | 8 R | 22 E | | 8 R | 22 E | 22 E | 1 V | 22 E |
| 22 E | | 10 S | | 22 E | | 8 R | | 5 C | | 18 D | | 8 R | | 10 S | | 22 E | | 21 P | | 18 D |
| | 10 S | 23 T | 22 E | 8 R | 22 E | 9 O | 23 T | 7 Y | 21 P | 22 E | | 20 A | 5 C | 23 T | 25 I | 1 V | 20 A | 23 T | 22 E | |

| 1 | 2 | 3 | 4 | 5 | 6 | 7 | 8 | 9 | 10 | 11 | 12 | 13 |
|---|---|---|---|---|---|---|---|---|---|---|---|---|
| V | F | Z | H | C | Q | Y | R | O | S | X | J | M |
| 14 | 15 | 16 | 17 | 18 | 19 | 20 | 21 | 22 | 23 | 24 | 25 | 26 |
| L | K | G | B | D | W | A | P | E | T | N | I | U |

# CODEWORD PUZZLE 41

| 21 W | | 6 Q | | 24 M | | 18 S | | 2 F | | | | 17 A | | 19 B | | 15 G | | 9 V |
|---|---|---|---|---|---|---|---|---|---|---|---|---|---|---|---|---|---|---|

**DOCUMENTARY** · **APPARATUS**

**SKETCH** · **REGISTRAR** · **INCH**

**CHRONOLOGY** · **ENVISAGING**

**CLASSIFY** · **UNBELIEVABLE**

**RECEDING** · **END** · **HIGH**

**OVER** · **J** · **GEM** · **ADVANCED**

**PROCLAMATION** · **RANKINGS**

**BENEVOLENT** · **SKIRMISHES**

**PERI** · **STUPIDITY** · **TAGGED**

**COHERENCE** · **COUNTERSIGN**

| 1 T | 2 F | 3 I | 4 N | 5 U | 6 Q | 7 R | 8 J | 9 V | 10 Z | 11 Y | 12 X | 13 H |
|---|---|---|---|---|---|---|---|---|---|---|---|---|
| 14 O | 15 G | 16 E | 17 A | 18 S | 19 B | 20 L | 21 W | 22 C | 23 D | 24 M | 25 P | 26 K |

93

# CODEWORD PUZZLE 42

| | | | | | | | | | | | | |
|---|---|---|---|---|---|---|---|---|---|---|---|---|
| ¹⁸L | ²²E | ¹⁹I | ²¹P | ¹S | | | ⁴C | ⁵H | ¹⁵Z | ²³M | | |
| ⁴C | ²⁵O | ²N | ⁴C | ²²E | ¹⁶N | ⁸T | ⁷R | ¹⁶A | ²²T | ¹¹E | ²⁵B | ¹⁶O | ⁷A | ²N | ¹⁹I | ⁴C | ⁷A | ¹⁸L |

**CONCENTRATE · BOTANICAL**
**CAJOLE · PARBOIL · DEPLOY**
**DISCOVERED · TREMENDOUS**
**CHESTNUT · GERRYMANDERS**
**NEWSWORTHINESS · PINK**
**DOJO · DESALINISATION**
**DESENSITISES · AMENABLE**
**SUFFICIENT · SKIRMISHES**
**ARMADA · DIORAMA · STATIC**
**DELIVERED · PARLIAMENTS**

| 1 | 2 | 3 | 4 | 5 | 6 | 7 | 8 | 9 | 10 | 11 | 12 | 13 |
|---|---|---|---|---|---|---|---|---|---|---|---|---|
| S | N | Q | C | H | V | A | R | G | J | B | X | K |
| **14** | **15** | **16** | **17** | **18** | **19** | **20** | **21** | **22** | **23** | **24** | **25** | **26** |
| U | Z | T | F | L | I | D | P | E | M | Y | O | W |

# CODEWORD PUZZLE 43

| | 21 F | 26 A | 9 C | 16 S | 8 I | 24 M | | 8 I | 3 L | 24 E | | 26 A | 3 L | 8 I | 14 G | 13 N | 4 M | 24 E | 13 N | 7 T | |
|---|---|---|---|---|---|---|---|---|---|---|---|---|---|---|---|---|---|---|---|---|---|
| 8 I | | 25 B | | 26 A | | 24 E | | 26 A | | 26 A | | 2 O | | 3 L | | 19 U | | 8 I | | 26 A |
| 16 S | 11 P | 2 O | 8 I | 3 L | | 26 A | 24 E | 12 R | 2 O | 18 D | 12 R | 2 O | 4 M | 24 E | | 13 N | 24 E | 9 C | 23 K | 16 S |
| 2 O | | 19 U | | 4 M | | 18 D | | 14 G | | 10 V | | 23 K | | 13 N | | 8 I | | 1 H | | 8 I |
| 4 M | 24 E | 12 T | 24 E | 2 O | 12 R | 2 O | 3 L | 2 O | 14 G | 9 I | 26 A | 3 L | | 16 S | 9 C | 12 R | 24 E | 24 E | 13 N |
| 24 E | | | 13 N | | 6 W | | | 16 S | | 3 L | | | | 8 I | | | | 8 I | |
| 7 T | 12 R | 24 E | 23 K | | | 9 C | 1 H | 12 R | 2 O | 13 N | 8 I | 9 C | | 2 O | 11 P | 7 T | 8 I | 2 O | 13 N |
| 12 R | 20 X | | 21 F | | 21 F | | 3 L | | 12 R | | 23 K | | 4 M | | 26 A | | 4 M | | 8 I |
| 8 I | 13 N | 5 Q | 19 U | 8 I | 12 R | 24 E | 16 S | | 16 S | 9 C | 24 E | 13 N | 24 E | | 3 L | 8 I | 4 M | 8 I | 7 T |
| 9 C | | 19 U | | 15 Z | | 18 D | | 7 T | | | 2 O | | 13 N | | | 24 E | | 22 Y | |
| | 15 Z | 8 I | 14 G | 15 Z | 26 A | 14 G | 14 G | 24 E | 18 D | | 14 G | 12 R | 26 A | 7 T | 8 I | 7 T | 19 U | 18 D | 24 E |
| 26 A | | 16 S | | 24 E | | 24 E | | | 24 E | | 8 I | | 8 I | | 8 I | | | 21 F |
| 9 C | 1 H | 8 I | 13 N | 26 A | | 7 T | 6 W | 26 A | 13 N | 14 G | | 25 B | 12 R | 2 O | 23 K | 24 E | 12 R | 26 A | 14 G | 24 E |
| 9 C | | 7 T | | 21 F | | 22 Y | | 25 B | | 3 L | | 24 E | | 13 N | | 12 R | | 7 T | | 26 A |
| 24 E | 10 V | 24 E | 13 N | 7 T | 16 S | | 19 U | 16 S | 19 U | 26 A | 3 L | 3 L | 22 Y | | | 17 J | 24 E | 16 S | 7 T |
| 16 S | | | 24 E | | | 24 E | | 13 N | | | 4 M | | 6 W | | | | | 1 H |
| 16 S | 26 A | 3 L | 26 A | 12 R | 22 Y | | 9 C | 8 I | 12 R | 9 C | 19 U | 4 M | 13 N | 26 A | 10 V | 8 I | 14 G | 26 A | 7 T | 24 E |
| 2 O | | 24 E | | 4 M | | 16 S | | 3 L | | 8 I | | 24 E | | 13 N | | 18 D | | 8 I | | 12 R |
| 12 R | 19 U | 4 M | 25 B | 26 A | | 9 C | 3 L | 8 I | 24 E | 13 N | 7 T | 24 E | 3 L | 24 E | | 14 G | 3 L | 2 O | 10 V | 24 E |
| 22 Y | | 2 O | | 7 T | | 26 A | | 13 N | | 14 G | | 7 T | | 14 G | | 24 E | | 3 L | | 18 D |
| | 26 A | 13 N | 9 C | 1 H | 2 O | 12 R | 26 A | 14 G | 24 E | | 26 A | 16 S | 9 C | 24 E | 12 R | 7 T | 26 A | 8 I | 13 N | |

| 1 | 2 | 3 | 4 | 5 | 6 | 7 | 8 | 9 | 10 | 11 | 12 | 13 |
|---|---|---|---|---|---|---|---|---|---|---|---|---|
| H | O | L | M | Q | W | T | I | C | V | P | R | N |
| **14** | **15** | **16** | **17** | **18** | **19** | **20** | **21** | **22** | **23** | **24** | **25** | **26** |
| G | Z | S | J | D | U | X | F | Y | K | E | B | A |

# CODEWORD PUZZLE 44

| 1 | 2 | 3 | 4 | 5 | 6 | 7 | 8 | 9 | 10 | 11 | 12 | 13 |
|---|---|---|---|---|---|---|---|---|----|----|----|----|
| J | H | B | Z | D | I | K | O | E | T | G | V | W |

| 14 | 15 | 16 | 17 | 18 | 19 | 20 | 21 | 22 | 23 | 24 | 25 | 26 |
|----|----|----|----|----|----|----|----|----|----|----|----|----|
| A | F | S | C | P | Y | M | R | X | N | U | Q | L |

# CODEWORD PUZZLE 45

| 10 C | 19 A | 23 N | 12 I | 21 S | 20 T | 9 E | 17 R | | 20 T | 9 E | 5 L | 9 E | 21 S | 10 C | 16 O | 14 P | 12 I | 10 C |
|---|---|---|---|---|---|---|---|---|---|---|---|---|---|---|---|---|---|---|
| 25 B | | 5 L | | 6 V | | | 9 E | | 24 W | | 4 U | | 4 U | | 6 V | | 10 C | | 20 T |

**CODEWORD PUZZLE 45** grid with the following solved answers:

CANISTER, TELESCOPIC, ALLOY, INSTINCTS, ELITE, KAYAK, EXFOLIATION, GAS, ALTER, DELAY, INK, GUSTO, MYTHOLOGY, RUE, OCTAGON, NERVE, JUST, LINK, QUEUE, ADAMANT, ART, ESPLANADE, ISSUE, YAK, PATTY, TREAT, TEA, DECLARATION, RAZOR, OLIVE, MIDDLEMAN, BOOST, SOOTHSAYER, HIGHWAYS

Down/connecting letters include: B, L, V, E, W, U, U, V, C, T, C, E, R, T, R, R, H, R, N, A, G, A, U, T, I, P, M, U, U, A, V, I, H, E, O, O, O, K, E, N, S, R, I, E, S, C, U, G, L, V, L, M, T, W, E, A, R, T, C, A, N, W, R, E, O, I, M, M, A, R, B, U, U, L, A, N, N, N, P, L, E, P, O, T, E

| 1 X | 2 Z | 3 H | 4 U | 5 L | 6 V | 7 M | 8 K | 9 E | 10 C | 11 Q | 12 I | 13 F |
|---|---|---|---|---|---|---|---|---|---|---|---|---|
| **14 P** | **15 J** | **16 O** | **17 R** | **18 R** | **19 G** | **20 A** | **21 T** | **22 S** | **23 D** | **24 N** | **25 B** | **26 Y** |

# CODEWORD PUZZLE 46

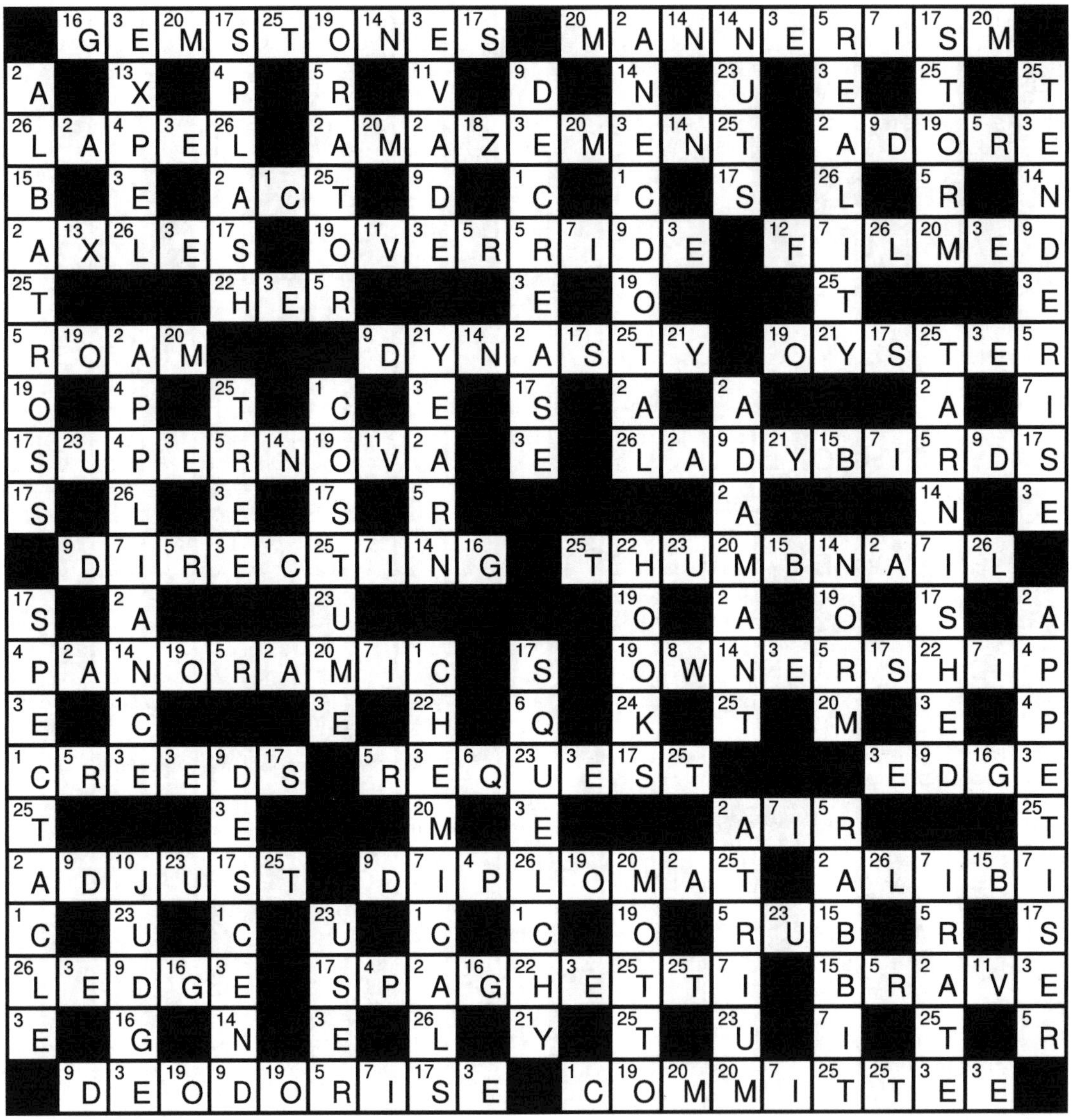

| | 16 | 3 | 20 | 17 | 25 | 19 | 14 | 3 | 17 | | 20 | 2 | 14 | 14 | 3 | 5 | 7 | 17 | 20 |
|---|---|---|---|---|---|---|---|---|---|---|---|---|---|---|---|---|---|---|---|
| | G | E | M | S | T | O | N | E | S | | M | A | N | N | E | R | I | S | M |

Puzzle grid with filled letters:

GEMSTONES MANNERISM
A X P R V D N U E T T
LAPEL AMAZEMENT ADORE
B E ACT D C C S L R N
AXLES OVERRIDE FILMED
T HER E O T E
ROAM DYNASTY OYSTER
O P T C E S A A A I
SUPERNOVA E LADYBIRDS S
S L E S R A N E
DIRECTING THUMBNAIL
S A U O A O S A
PANORAMIC S OWNERSHIP
E C E H Q K T M E P
CREEDS REQUEST EDGE
T E M E AIR T
ADJUST DIPLOMAT ALIBI
C U C U C C O RUB R S
LEDGE SPAGHETTI BRAVE
E G N E L Y T U I T R
DEODORISE COMMITTEE

| 1 | 2 | 3 | 4 | 5 | 6 | 7 | 8 | 9 | 10 | 11 | 12 | 13 |
|---|---|---|---|---|---|---|---|---|---|---|---|---|
| C | A | E | P | R | Q | I | W | D | J | V | F | X |
| 14 | 15 | 16 | 17 | 18 | 19 | 20 | 21 | 22 | 23 | 24 | 25 | 26 |
| N | B | G | S | Z | O | M | Y | H | U | K | T | L |

# CODEWORD PUZZLE 47

| | 11 R | 21 O | 18 M | 3 A | 15 N | 4 T | 9 I | 26 C | | 3 A | 15 N | 26 C | 2 E | 5 S | 4 T | 11 R | 9 I | 2 E | 8 S |
|---|---|---|---|---|---|---|---|---|---|---|---|---|---|---|---|---|---|---|---|
| 3 A | | 22 P | | 8 S | | 2 E | | 3 A | | 1 G | | 11 R | | 2 E | | 2 E | | 19 Q | | 3 A |
| 26 C | 5 H | 2 E | 26 C | 6 K | | 15 N | 12 U | 17 L | 17 L | 9 I | 7 F | 9 I | 2 E | 20 D | | 7 F | 17 L | 12 U | 9 I | 20 D |
| 26 C | | 11 R | | | 8 S | | 14 Z | | 17 L | | 4 T | | 3 A | | 17 L | | 9 I | | 20 D |
| 2 E | 10 X | 3 A | 18 M | 9 I | 15 N | 2 E | | 21 O | 25 B | 2 E | 20 D | 9 I | 2 E | 15 N | 26 C | 2 E | | 22 P | 9 I | 2 E |
| 17 L | | | 20 D | | | 15 N | | | | 19 Q | | | | 10 X | | | 15 N |
| 2 E | 18 M | 22 P | 4 T | 24 Y | | 26 C | 5 H | 2 E | 2 A | 22 P | | 12 U | 15 S | 2 E | | 9 I | 13 D | 17 L | 2 E | 20 D |
| 11 R | | 17 L | | 17 L | | 21 O | | | 3 A | | 2 E | | 10 X | | 13 V | | 2 E | | 12 U |
| 3 A | 13 V | 3 A | 9 I | 17 L | 3 A | 25 B | 17 L | 2 E | | 16 W | 3 A | 8 S | | 22 P | 11 R | 2 E | 18 M | 9 I | 12 U | 18 M |
| 4 T | | 24 Y | | 9 I | | | 24 Y | | 15 N | | | 2 E | | | 8 S |
| 2 E | 4 T | 5 H | 9 I | 26 C | | 3 A | 15 N | 2 E | 16 W | | 23 J | 21 O | 16 W | 17 L | | 4 T | 11 R | 12 U | 26 C | 2 E |
| | 21 O | | | 5 H | | | 26 C | | 16 W | | | 16 W | | 11 R | | 7 F |
| 2 E | 17 L | 12 U | 8 S | 9 I | 13 V | 2 E | | 3 A | 8 S | 5 H | | 17 L | 21 O | 21 O | 8 S | 2 E | 17 L | 2 E | 3 A | 7 F |
| 8 S | | 8 S | | 15 N | | 3 A | | 22 P | | 9 I | | | 3 A | | 17 L | | 17 L | | 21 O |
| 26 C | 11 R | 2 E | 8 S | 4 T | | 20 D | 12 U | 21 O | | 26 C | 17 L | 2 E | 11 R | 6 K | | 7 F | 17 L | 24 Y | 2 E | 11 R |
| 3 A | | 2 E | | | 17 L | | | 15 N | | | 4 T | | | 4 T |
| 22 P | 2 E | 1 G | | 1 G | 2 E | 21 O | 17 L | 21 O | 1 G | 9 I | 8 S | 4 T | | 2 E | 4 T | 5 H | 3 A | 15 N | 21 O | 17 L |
| 3 A | | 12 U | | 11 R | | 25 B | | 1 G | | 26 C | | 16 W | | 26 C | | | 21 O | | 2 E |
| 20 D | 11 R | 3 A | 18 M | 3 A | | 2 E | 20 D | 9 I | 4 T | 21 O | 11 R | 9 I | 3 A | 17 L | | 1 G | 24 Y | 25 B | 2 E | 8 S |
| 2 E | | 13 V | | 4 T | | 24 Y | | 8 S | | 15 N | | 15 N | | 3 A | | 15 N | | 17 L | | 8 S |
| | 16 W | 3 A | 4 T | 2 E | 11 R | 8 S | 5 H | 2 E | 20 D | 8 S | | 2 E | 15 N | 4 T | 5 H | 12 U | 8 S | 2 E | 20 D |

| 1 | 2 | 3 | 4 | 5 | 6 | 7 | 8 | 9 | 10 | 11 | 12 | 13 |
|---|---|---|---|---|---|---|---|---|---|---|---|---|
| G | E | A | T | H | K | F | S | I | X | R | U | V |

| 14 | 15 | 16 | 17 | 18 | 19 | 20 | 21 | 22 | 23 | 24 | 25 | 26 |
|---|---|---|---|---|---|---|---|---|---|---|---|---|
| Z | N | W | L | M | Q | D | O | P | J | Y | B | C |

# CODEWORD PUZZLE 48

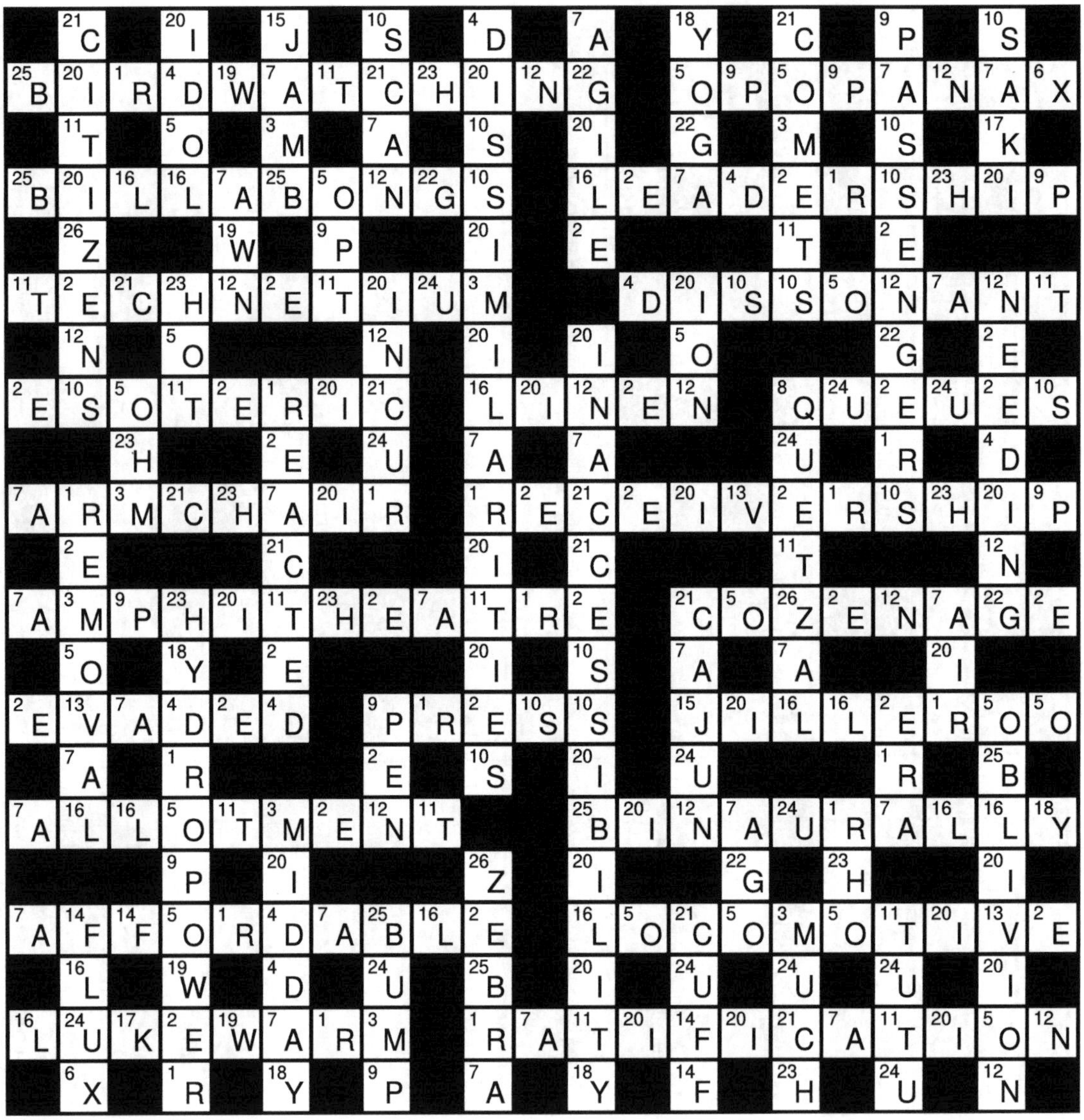

| 1 | 2 | 3 | 4 | 5 | 6 | 7 | 8 | 9 | 10 | 11 | 12 | 13 |
|---|---|---|---|---|---|---|---|---|---|---|---|---|
| R | E | M | D | O | X | A | Q | P | S | T | N | V |
| 14 | 15 | 16 | 17 | 18 | 19 | 20 | 21 | 22 | 23 | 24 | 25 | 26 |
| F | J | L | K | Y | W | I | C | G | H | U | B | Z |

# VOCABULARY BUILDER

aardvarks
abaft
abate
abbreviate
abets
abilities
abler
abode
abodes
about
above
abroad
abseiling
absence
absentee
absentees
absorb
absorbency
absorbs
abstained
abyss
academically
academy
accelerate
acceptable
accessory
accolade
accompany
accordance
according
account
accountability
accrue
ace
ache
achieve
achiever
acknowledgment
acorn
acquaintance
acres
act
actinium
activate
actor
acts
actualisation
adagio
adamant
adapt
adaptable
add
added
addendum

addles
addressed
adept
adequacy
adhere
adjective
adjust
adjusting
adjustment
admiralty
admiration
admit
ado
adopt
adopts
adore
advanced
adventures
advertise
advertisements
advise
advisors
adze
aerialist
aerodrome
aerodynamics
aerogramme
aerospace
aesthetic
afar
affects
affordable
aflame
afoot
after
aftermath
again
agates
age
agent
aggravate
aggressive
agile
ago
agreeable
agronomic
aground
ahead
aid
aioli
air
airbrush
airfares
airspaces

aisle
ajar
akin
alarm
alb
albatross
albs
album
alcove
alert
algorithms
alias
alibi
alignment
alive
all
allegation
alleviate
alley
allocate
allot
allotment
allowance
alloy
almoner
aloft
aloud
alpaca
alphanumeric
also
alter
altered
alto
amalgamating
amalgamation
amassing
amateurish
amaze
amazement
ambassador
ambience
amble
ambulance
amenable
amendment
amendments
amenities
amiable
amino
amp
amphitheatre
amplified
amulet
amusement

ana
anagrammatical
analysis
ancestries
anchorage
and
anecdotal
anew
angle
angst
animation
animator
annex
annotates
annotation
announce
announces
annunciatory
anoa
anonym
answer
ant
anthelion
anthropologically
anticoagulant
antipasto
antiphon
antique
antiquities
antlers
antra
antre
apartment
apes
apex
apiaries
apologise
apostrophe
apparatus
appealing
appellate
appetiser
apple
appliance
appraisal
apprehend
apprehensive
approach
approval
apse
apt
aptness
aqua
aquamarine

| | | | |
|---|---|---|---|
| aquaplane | atrium | bar | blur |
| arabesque | attempts | baritone | blurb |
| arachnid | attends | bark | boa |
| arbour | attention | barrister | board |
| arc | attic | barristers | bodybuilding |
| archaeological | attitude | basenji | bodyguards |
| archetype | attract | basic | bolognese |
| architecture | attracted | basil | bombard |
| archives | attribute | basis | bonanza |
| area | attributing | bask | bookkeeper |
| areas | auctioning | bassist | boost |
| arena | audit | bath | botanic |
| argon | auditors | baton | botanical |
| arithmeticians | aunts | battery | bouillon |
| armada | automates | bayberry | bow |
| armchair | automatic | bean | bowerbird |
| army | autonomy | bedaub | bowsprit |
| aroma | available | bee | boxful |
| aromas | avalanche | beef | boysenberry |
| aromatic | average | beehive | brake |
| arrive | avert | beekeeper | brave |
| art | averted | befriending | breathing |
| articulating | averts | behaving | breed |
| artistry | aviation | believing | breeze |
| artwork | avoid | belle | briar |
| ascends | avoiding | bench | briefcases |
| ascertain | awake | benefactor | briefly |
| ascertains | awestruck | benefited | bright |
| ash | awhile | benevolent | broadcasters |
| asides | awkwardly | bereft | broadcasting |
| asininity | awn | beset | broccoli |
| ask | awning | best | brokerage |
| asked | awry | betrothal | bug |
| askew | axial | bevel | bulb |
| asks | axis | bib | bump |
| aspect | axle | biennia | bus |
| asphalting | axles | bilingual | busy |
| asps | aye | billabongs | buttercup |
| ass | azine | billboard | butterscotch |
| assai | azurite | bin | bye |
| assemble | baby | binaurally | bystanders |
| assessed | bachelor | biodiversity | byte |
| assessing | back | birdwatching | cabinet |
| assessors | backgammon | biscuit | cabinets |
| asset | backlog | bisects | cabled |
| assimilation | bacon | bivalve | cacti |
| assistant | badge | black | cadetship |
| association | badminton | blazer | cajole |
| associations | bagel | bleak | cajun |
| assortment | baize | blimp | cake |
| asteroid | balaclava | blini | calculate |
| astonish | balanced | block | calculator |
| astrological | ballet | bloom | calzone |
| astronaut | balmiest | blue | cameo |
| athletics | balsa | bluff | camera |
| atlas | bang | blunt | camouflage |
| atom | banner | bluntness | campfires |

camps
can
cancels
canister
cannelloni
canny
capability
capable
capes
capitalism
capsules
captaincy
captivate
car
carat
cardboard
cardiovascular
care
carelessly
cargo
caribou
carnation
carrot
casserole
caste
casts
cat
catalyst
catamaran
categorisation
categorise
caterpillar
cathedral
causeways
cautioned
caves
cayenne
celebrant
celebrity
celeriac
census
ceremonial
certificates
certifications
chaconne
chainsaw
chair
championship
chance
chard
charger
charm
chart
charts
cheap
cheapest
check

cheer
cheerful
cheeseburger
chef
chemical
chemicals
chemist
chenille
cheque
chequered
chervil
chess
chestnut
chevron
chic
chihuahua
chill
chilli
china
chocolate
choice
chord
chronic
chronology
chrysalis
chrysanthemums
chute
chutney
cinematography
cineraria
circle
circumnavigate
circumventing
cirri
citadels
citizens
citizenship
city
claimants
clarinet
classification
classify
classroom
claustrophobia
clear
clerk
clientele
climate
climb
cloth
club
clusters
cob
cochineal
cockpit
cocoa
cog

cognition
coherence
coins
col
coleslaw
collater
colliery
colon
colonelcy
combe
comet
comets
commemorating
commentate
committee
community
comparison
complexities
concentrate
concern
concerto
confidential
confidentially
configurational
configure
confirms
congeniality
congregational
conifer
consignments
contacted
contagious
contemporary
contortionists
conundrum
convince
copied
copious
corporation
cos
cosmic
cost
costume
cot
cottons
countersign
courgette
courtesy
cozenage
crab
craft
crag
cranberry
creaks
creating
credit
credits

creeds
creep
crepe
crest
cricket
cringing
crisper
criticism
critique
critiqued
critiques
crossword
crow
crumbled
crux
cryptogram
cue
cuff
cupboard
curd
curls
customer
cutest
cyan
cyclamen
cycle
cygnet
cylinder
dais
dam
damages
dance
dark
darkens
data
dates
dawn
daydreams
daze
dazzled
deadline
dean
debit
decipherable
declaration
decrease
deduct
deeds
deepens
defence
deficit
deft
degrees
dehydrate
dehydrates
deign
delay

delete
delivered
delta
den
deodorise
departure
deploy
deregulation
desalinisation
descants
descend
describe
desensitises
deserve
desiccated
designs
desks
dessert
detouring
developments
devote
devotees
dexterity
diacritics
dietitian
different
diffusions
digestible
digestion
digests
digit
digital
digitalisation
dilemma
dim
diminish
dine
dinner
diorama
diplomat
diplomats
directing
directions
disavow
discovered
disguised
dispel
disrupted
dissertation
dissimilarities
dissonant
distances
districts
disturb
ditto
diversifying
dizzy

documentary
dogma
dogs
dojo
dolls
dominates
doorjamb
downsizing
doyen
doyenne
dozen
drama
dream
dressmaker
drift
drill
drizzle
droop
drums
drumsticks
ducal
ducts
due
dukedom
duo
dusk
dwellings
dwindle
dye
dynasty
eager
eagle
ear
eardrum
earlier
early
earned
earning
earns
eased
easel
eases
easing
east
easy
eat
eats
ebb
ebbed
ebbs
eccentricities
echelon
echo
echoic
eclair
eclat
eclipse

eclipsed
economically
economiser
ecosystem
ecstatically
eddo
eddying
edge
edible
edict
edit
editor
editorial
edits
education
educational
eel
eeriness
effect
effortless
egg
eggs
ego
eighteenth
eightieth
eisteddfod
eject
ejector
eke
eking
elaborate
eland
elapse
elapsing
elastic
elbow
elder
elect
election
electoral
electorate
electric
electron
element
elementary
elemi
elephant
elevation
eleven
elf
elite
elk
elm
elmwood
else
elusive
elver

embargo
embellishing
ember
embezzler
emblazoned
embroil
emeralds
emerges
emigrated
empirical
empty
emu
encasement
encountered
end
endangered
endeavour
endorse
endorsement
endue
endues
endure
endured
energetic
energy
engaged
engineered
engulf
enhance
enigmatic
enlistment
ennobling
ennui
enriching
enrichment
enrol
enrolment
enter
entertain
enthused
entirety
entrees
entrust
entwine
environmentalist
envisaging
enzymatic
epicentre
epitaph
epoch
epochs
equal
equality
equinoxes
equip
era
erode

err
erratum
error
erythema
escalates
escalator
escapade
escaping
esoteric
esplanade
espresso
esprit
estimated
estimation
eta
etched
etcher
eternal
ethanol
ethic
ethologist
ethos
etui
eucalypt
euphoria
euro
evade
evaded
eve
even
event
eventides
events
ever
evergreen
evict
exact
examine
exasperate
excavate
exceed
excited
executive
exegesis
exercise
exercises
exert
exerted
exfoliation
exhilarate
exiled
exist
existed
existence
exit
exonerate
expansive

expects
expedition
expel
explained
exploding
explorers
exposure
exquisite
extension
extinguish
extol
extra
extravaganza
extrovert
exuberance
eye
eyeshadow
eyrie
fabric
facsimile
fact
facts
faculty
fade
faded
fallible
fancywork
fantasise
fantastic
fares
fault
fauna
feat
feathered
fee
feign
fen
fence
feta
fetes
fibrosis
fidgety
filleted
filmed
final
finale
finalist
finish
fireside
fit
fizz
fjord
flagpole
flagstaffs
flair
flaky
flavin

flavour
fledglings
flight
flimsiest
flip
fluency
fluid
fluorescence
flux
flyer
focal
foodstuff
foot
footsteps
forequarter
foresee
forgotten
formula
fortress
forums
framework
fray
free
freshen
fricassée
frog
frogs
frown
fudge
fun
fund
gable
gags
gala
games
gannet
gap
garnish
gas
gaseous
gasp
gasps
gate
gavel
gawkier
gaze
gazebo
gazetting
gazing
gear
geese
gem
gemstones
gene
generator
generously
geologist

geranium
gerrymanders
gestures
get
gimmicks
glancing
glassware
gleam
glen
glissandi
glockenspiel
glove
glucose
gnocchi
gnu
going
goji
golden
goodwill
gorge
grace
gradually
graduate
grand
grange
gratitude
graze
great
greengrocers
grill
grilse
groom
grottos
group
growl
grown
guava
guest
gust
gusto
gutter
guttering
guy
gybes
habitat
habits
hallmarks
halo
halt
ham
handlebars
handled
handshake
handshakes
harassment
harbour
harboured

| | | | |
|---|---|---|---|
| harlequin | igloo | insincere | jetty |
| harmonica | ignition | insipid | jewel |
| harp | ignorance | insists | jeweller |
| has | ill | inspection | jewellery |
| haste | illicitly | instant | jib |
| hastened | illusions | instincts | jigsaw |
| hasty | illustrator | integral | jilleroo |
| hat | image | integrate | join |
| hay | imagines | intellect | joins |
| heading | imbedded | intellectually | jokers |
| headlands | imbue | intermediate | jokes |
| hear | imitated | intermission | joking |
| hectare | imitation | interpreters | journalism |
| hectic | immaterial | intervenes | journeyed |
| help | immediate | interview | joust |
| helpers | immersed | intrepid | jowl |
| her | imp | invoke | joy |
| herb | impair | involve | joys |
| hero | impartial | ion | judge |
| hierarchy | impartiality | ions | judging |
| high | impasto | iota | junction |
| highways | impede | irate | jurisdiction |
| hiker | impel | ire | juror |
| history | impersonator | ironic | jurors |
| hooks | implement | ironically | jus |
| hop | implementation | irons | just |
| horoscope | implicate | irregular | jute |
| hot | impressed | irrelevances | karaoke |
| hour | inaccessibility | irrigation | karyotype |
| hue | inauguration | isle | kayak |
| hug | inch | isometric | keeps |
| hum | inches | isosceles | kendo |
| hustler | incompatibilities | isotope | kept |
| hydropower | incompetency | isotopes | kerfuffle |
| hype | incorrect | issue | key |
| hypertext | incur | issues | kid |
| hypothesising | indignant | italicised | kilohertz |
| hypothetical | indue | itemise | kin |
| hysteria | industry | items | kiosk |
| ice | inept | ivory | kite |
| icebound | inestimable | ivy | knead |
| icier | inexplicable | jacket | knee |
| icing | inextricable | jacquard | knees |
| icon | infer | jackknife | knit |
| icons | infra | jade | knits |
| icy | infuses | jam | knobs |
| idea | ingot | jamb | knots |
| ideal | ingredient | jar | knotted |
| idealised | inhalers | jaunt | koi |
| ideas | injustice | jaywalking | lace |
| identical | ink | jazz | lacquer |
| identify | inner | jealousies | lacquered |
| idiom | input | jeer | lacquering |
| idiosyncrasy | inquiries | jell | ladle |
| idled | inquiring | jelly | ladybirds |
| idol | inset | jellyfish | lair |
| idyllic | insiders | jest | lake |

| | | | |
|---|---|---|---|
| lamp | linocut | martingale | municipal |
| lamps | liquid | masthead | mushroom |
| landlords | lists | mat | musk |
| landscape | literal | matchboxes | muttering |
| landscapes | litre | matte | mutual |
| landslide | llama | maxi | mysterious |
| lanyards | lobes | mayor | mythology |
| lapel | locations | mayoralties | nacho |
| large | locomotive | maypole | nacre |
| largo | lodes | maze | nail |
| larkspur | log | mazes | naira |
| larva | logarithm | meadow | naive |
| laser | logical | measured | named |
| lasts | look | measuring | nanometres |
| later | lookalike | meatball | nanotechnology |
| lateral | looseleaf | media | nap |
| laterally | lop | meet | napkins |
| laugh | lot | meets | narrative |
| laundry | lotus | megabytes | nasal |
| law | loudly | melanin | nasturtium |
| lawyer | lounge | membrane | national |
| lay | loveable | memorable | nationalities |
| layette | lower | mention | naval |
| lea | loyal | menu | near |
| leadership | lucrative | merge | neat |
| leaks | ludicrous | mesh | neck |
| lean | luggage | met | necks |
| leap | lukewarm | meteorological | nectar |
| learn | lusciousness | methionine | nee |
| least | lying | metre | need |
| leather | machine | microbiology | needing |
| ledge | macro | midday | neighbouring |
| leeks | macroeconomic | middleman | nemesis |
| leeward | maestro | mini | Neolithic |
| leg | magazine | mispronounce | nephews |
| legends | magnificence | missives | nerve |
| legislating | magnify | mite | nervously |
| lei | maildrop | mix | nestle |
| leisurely | maintain | mob | net |
| lemon | maintains | mocha | neurology |
| let | maize | modem | never |
| letterhead | malamute | molluscan | newcomer |
| leu | malaprop | moniker | newer |
| liaising | mallard | monitor | newsagents |
| liaison | mammoth | monologue | newsworthiness |
| libretto | manege | monopod | niche |
| lid | mango | monorail | nieces |
| liege | mannequin | moonrise | night |
| lighthouse | mannerism | moss | nil |
| likeliest | manoeuvring | motherhood | nimbi |
| lilac | map | moths | nineteenth |
| limit | mar | motto | noble |
| limiting | marinade | mount | nobody |
| linen | marinara | mountains | nod |
| lines | marionette | much | noise |
| linguistic | maritime | muesli | nonce |
| link | marshmallows | multinationals | noodle |

| | | | |
|---|---|---|---|
| nor | off | overhead | peers |
| norm | offer | overnight | peg |
| normality | officer | overrated | pen |
| north | often | overreact | perceived |
| northerly | ogre | override | peri |
| noses | ohm | overs | perplexed |
| nostalgia | oil | overt | perplexities |
| not | okra | owe | persuaded |
| notch | olive | owes | pestle |
| note | olives | owl | pests |
| notions | omega | owlet | philosophy |
| nouns | omelettes | own | phonology |
| nozzle | omit | ownership | pictorials |
| nuance | once | oxen | pie |
| nucleus | onion | oxide | pilau |
| nudge | onlookers | oyster | pink |
| nullified | onset | ozone | pipe |
| nulls | openhandedness | ozonises | pipes |
| numismatic | opening | paced | piston |
| nun | opera | package | platform |
| nuncio | operates | packaging | platinum |
| nurse | operatic | packs | plausible |
| nurseries | opopanax | pacts | playhouse |
| nut | opponents | paddle | plaza |
| nuts | opportune | padlock | pleasantry |
| oak | opposed | padlocked | pleasures |
| oar | opt | pageantry | pleat |
| oared | optics | pager | plectrum |
| oaths | option | paintings | pledge |
| obedience | opus | pair | plentiful |
| obeli | orate | palace | plethora |
| obey | orator | palatable | ploy |
| obeys | oratorios | panache | plumber |
| obiter | orb | pancakes | plunge |
| objection | orbs | pancetta | pod |
| obligated | ordain | panda | poignantly |
| oblivion | orderly | pane | pokes |
| observe | ore | panel | polka |
| observers | organ | panic | pondweeds |
| obsession | organism | panoramic | pontoon |
| obsolete | originates | par | portrayal |
| obstacle | origins | paragliding | post |
| obstetric | ossifying | parboil | postponed |
| obstinate | ostentatiously | parliament | postpones |
| obviously | otic | parliaments | potpourri |
| occupier | ounce | parsnips | precipice |
| occur | our | partition | predetermine |
| ocean | outclass | passengers | predicaments |
| oceanography | outcrop | passes | predominance |
| oceans | outlook | pastry | prefers |
| ocelot | outrageous | path | premium |
| ochre | outset | patty | preoccupations |
| octagon | outsize | pawn | preparations |
| octagonal | ovens | pay | prepared |
| odd | over | pea | prepay |
| oddly | overdevelop | peaks | prescribes |
| ode | overhaul | pedal | presented |

| | | | |
|---|---|---|---|
| press | quoted | relaxing | rose |
| pressure | rabbit | release | rotations |
| prevailed | racehorse | released | roundabout |
| prize | raconteur | relic | row |
| probe | radar | relish | rowan |
| proclamation | rag | remarks | rows |
| procuring | ragout | remote | rub |
| professionals | raita | remotely | ruby |
| programme | ram | removal | rue |
| promenades | range | repel | ruination |
| proof | rank | repetitiveness | ruing |
| prosperous | rankings | request | ruler |
| proud | rare | resemble | rules |
| pseudonym | raspberry | resented | rumba |
| pseudonyms | rasps | reset | runny |
| psyche | rated | residence | rural |
| psyched | ratification | resin | ruralising |
| pulse | rational | resize | rushed |
| pumpkin | rationale | responded | rut |
| pun | raw | restful | rye |
| puree | razor | restricted | sabre |
| purifiers | reach | retention | sack |
| purist | reacted | retractor | saddles |
| putty | read | retreat | sails |
| quadrangle | reading | retrieves | saki |
| quadrant | readjustment | reunited | salad |
| quadrants | reads | rev | salary |
| quadrilateral | reality | revamping | salmon |
| quadruples | realm | reviewers | salon |
| quagmire | realms | rheology | salsa |
| qualifications | rearrange | rhizome | salutes |
| qualify | rebel | rho | sand |
| qualms | receding | rhomb | sap |
| quarter | receivership | rhombus | sash |
| quartz | recharge | rides | satay |
| quay | rechargeable | ridge | satchels |
| quell | recitation | rip | satires |
| quench | recommends | ripen | sauna |
| quesadilla | reconcile | ritzy | savvy |
| quest | reduce | rivalries | sawdust |
| question | reduction | rivalry | saxophone |
| questioning | reed | river | scale |
| quetzal | reeve | roam | scan |
| queue | refer | robust | scar |
| queues | referees | roc | scarab |
| quick | refit | rocks | scarecrow |
| quiet | reflexive | rod | scarf |
| quill | refresh | rodeo | scene |
| quincunx | regatta | roe | sceptic |
| quip | registrar | rogue | scherzo |
| quipped | rehearsal | rollercoasters | schisms |
| quirks | reign | romantic | schmaltzy |
| quit | reimburse | rondeau | schnauzer |
| quivers | reindeers | rook | schnitzel |
| quixotically | rejig | roomy | scholarly |
| quiz | rejoice | roost | scientific |
| quizzical | relationship | roosters | scintilla |

| | | | |
|---|---|---|---|
| scintillation | sketch | star | sweetest |
| scoop | skewer | stasis | swell |
| scope | ski | static | swing |
| score | skilled | statistic | sycamores |
| scratchiest | skirmishes | statistical | syllables |
| screen | sky | statue | symbolisations |
| scud | skyrocket | steak | symbolism |
| sculling | skyrockets | steamers | syndicated |
| sculptors | sleeper | steamrollers | synonymous |
| scythe | smart | steep | synopsis |
| sea | smock | steer | systematic |
| seam | smokescreen | stems | table |
| seamless | smoothness | step | tabulate |
| seasoning | sniff | stereotype | tacit |
| secluded | snowdrop | stereotyping | tactful |
| sections | soak | sternum | tad |
| sedan | sobs | stiffening | tag |
| see | socks | stomachs | tagged |
| seed | sod | storm | tailwinds |
| seek | sol | stowaway | tales |
| seeker | solar | streamlining | talons |
| seeks | songs | streams | tandem |
| segregate | sonic | street | tangelo |
| seize | soothsayer | strengthener | tangent |
| seminars | soothsayers | stripes | tango |
| semiquaver | soundproof | stroke | tap |
| semolina | soup | stud | taper |
| set | south | study | tar |
| seven | souvlaki | stun | targeted |
| seventeen | sow | stupidity | tarnished |
| sharp | soy | stymie | tasks |
| shawl | spa | subconsciously | tasselled |
| she | spaghetti | subdivide | taste |
| sheen | spare | subdued | tasty |
| shipshape | specified | subduer | tat |
| show | spectacle | subscribe | tawny |
| shrewd | speech | substantial | tax |
| sidle | spend | substantiations | taxiing |
| sieve | sphere | successes | tea |
| sight | spicy | succumb | teams |
| sign | spirit | such | teapot |
| signage | spirituality | suchlike | teaspoon |
| silhouette | splash | suede | teaspoonful |
| silo | spoil | sufficient | technetium |
| sinew | spoken | sugar | technical |
| singers | sponsored | suggestion | technician |
| sings | spreads | sum | tee |
| sipes | sprig | sun | teeth |
| sips | spur | sunscreen | telecasts |
| sir | squadron | super | telecommunication |
| siren | squeaking | supernova | telescope |
| sirloin | squeezing | surrealistically | telescopes |
| sisal | squelchy | sushi | telescopic |
| sitar | squints | suzerainty | temperate |
| site | stabilised | sways | temporary |
| sites | stairway | sweep | tempt |
| sized | stapler | sweet | tempura |

tenacious
tenancy
tenderise
tenor
tenors
tense
tergiversation
terms
terrace
terraces
test
testimonials
tetralogy
text
theme
theory
thermostat
thesis
thigh
thing
think
thirteen
thorn
thousandth
three
threshold
throb
throw
thumbnail
thwarted
tiara
tibia
tic
tie
tier
tiger
tight
tiler
timing
tin
tipstaff
titan
today
toe
toga
toiletries
tolerable
tomorrow
tonic
tonight
too
toothbrushes
topic
torch
total
tournament
tow

towels
town
toy
tracksuit
tradesman
traditional
tragic
train
tranquil
transferable
transference
transit
trappings
trattoria
travellers
treadled
treat
tree
trek
tremendous
trends
triangular
tribe
trifocal
trigonometric
trisection
triskaidekaphobia
triumph
trivial
trombone
trot
trout
truce
trust
trying
tryst
tub
tube
tui
tulip
tunic
turquoise
tusks
tutorial
tutorials
tutti
tutu
twang
tweed
twelfth
twelve
twenty
twirl
twister
ugli
ultimatum
umbrellas

unabridged
unattractive
unawares
unbelievable
unclasp
uncle
unconventionality
under
underline
underperform
unequal
union
unnatural
unnecessarily
unproductive
unrecognisable
unrolling
unsuccessful
unsympathetically
untidy
until
untouched
updated
upper
upright
upset
urn
usability
usage
usance
use
used
user
uses
usher
ushered
usual
usually
utensil
utopian
utter
uttered
vacancies
value
vases
vatic
veer
vegetable
ventriloquists
verge
veto
vets
vex
video
viewpoint
vindicate
viola

virtuosi
virtuoso
visit
vista
visual
voucher
vowels
vows
vulcanology
wad
wall
wallpaper
was
wasps
watchmaker
watermark
watersheds
wave
way
wayfarers
weaknesses
web
wed
weeds
weekends
weighted
weir
welcome
westerner
wet
wetlands
what
where
whereupon
whether
whey
whiz
widen
widget
windmill
windscreen
windswept
wit
without
work
workplaces
wort
writhe
xeric
yacht
yachting
yachtswoman
yak
yap
yardarm
yardsticks
yarn

yawn
year
yearn
years
yeast
yes
yesteryear
yield
yoga
young
yourselves
youth
zany
zebra
zebras
zephyr
zero
zest
zigzagged
zinc
zipped
zips
zirconium
zloty
zones
zooid
zucchini